PUHUA BOOKS

我
们

一

起

解

决

问

题

企业数据资源会计

陈宗智　孙胡晓　孙常娜　姜立华　著

人民邮电出版社

北　京

图书在版编目（CIP）数据

企业数据资源会计 / 陈宗智等著. -- 北京 : 人民
邮电出版社, 2024.1
ISBN 978-7-115-63521-1

Ⅰ. ①企… Ⅱ. ①陈… Ⅲ. ①企业管理－数据管理－
会计－研究 Ⅳ. ①F275.2

中国国家版本馆CIP数据核字(2023)第245694号

内 容 提 要

本书依据财政部新近颁布的《企业数据资源相关会计处理暂行规定》及相关企业会计准则，对企业过去交易或事项形成的、企业合法拥有或控制的、预期能够给企业带来经济利益的数据资源资产的会计处理进行了全面且深入的讲解。全书内容翔实、案例丰富，通过确认、计量、记录、报告等会计手段，全面、系统、连续、完整地演示了企业数据资源资产的会计处理流程。

本书既适合一般企业的会计人员、管理人员，大数据企业的工作人员，以及对数据资源感兴趣的人士阅读，也可以作为财经院校相关专业师生的参考用书。

◆ 著　　陈宗智　孙胡晓　孙常娜　姜立华
责任编辑　付微微
责任印制　彭志环

◆人民邮电出版社出版发行　　北京市丰台区成寿寺路 11 号
邮编 100164　电子邮件 315@ptpress.com.cn
网址 https://www.ptpress.com.cn
河北京平诚乾印刷有限公司印刷

◆开本：880×1230　1/32
印张：7.5　　　　　　　　　　2024 年 1 月第 1 版
字数：120 千字　　　　　　　　2024 年 1 月河北第 1 次印刷

定　价：69.00 元
读者服务热线：（010）81055656　印装质量热线：（010）81055316
反盗版热线：（010）81055315
广告经营许可证：京东市监广登字 20170147 号

大数据是一个"年轻"的话题，数据资源会计更是一个新课题。企业数据资源会计像生物资源会计、矿产资源会计等一样，作为整个会计学科体系的一条枝干，让会计这棵大树更加枝繁叶茂！

2023 年 8 月 21 日，财政部印发了《企业数据资源相关会计处理暂行规定》，9 月底我就见到了作者撰写的《企业数据资源会计》的初稿，因此感叹于本书作者团队的敏锐与高效。

在交流中得知，本书的四位作者均具有丰富的理论知识，以及成熟的实务经验。早在 2016 年，本书的主创作者之一，青岛明哒尔会计师事务所有限公司负责人陈宗智先生就发表过论文"让大数据资产走进大数据企业会计报表的研究"，该论文在中国知网显示其学术影响力为"在'企业经济'领域排名前10%"。2017年，陈宗智先生又出版了专著《大数据必修课》，其中两个章节重点讲述了大数据会计。

目前，虽然数据资源作为企业的一项资产被认可，企业会计准则对数据资源资产的账务处理也做出了明确的规定，但很多企业对于数据资源的认识、积累、应用等，都还处于初级阶段。部分企业及会计人员对数据资源是否可以作为资产确认、作为哪类资产确认和计量，以及如何进行相关信息披露等会计问题存在疑问，而这本《企业数据资源会计》恰恰针对这些问题做出了详细的解答。

相信这本书可以为相关企业及会计实务工作者提供一定的指导，为财经专业院校的教材选择提供备选方案。

最后，向本书的创作团队诠释、推进《企业数据资源相关会计处理暂行规定》的举动表示由衷的赞赏，向一直以来关心和支持行业发展的社会各界以及为行业发展做出贡献的从业者们表示诚挚的感谢！

梁仕念

山东省注册会计师协会副会长兼秘书长

　　土地、劳动力、资本三项核心生产要素创造了极大的物质财富，推动了人类社会的发展和进步。伴随着两化融合对大数据的需求，《促进大数据发展行动纲要》和数字经济对大数据的推动，以及科技的发展、铺垫，大数据以前所未有的速度和能量，改变着我们的生活方式和消费模式，推动着工业技术的革命。数据资源作为"第四位核心生产要素"，其巨大的潜在价值日益彰显。

　　第一次工业革命带来了"机器"；第二次工业革命送来了"电力"；第三次工业革命的"计算机"超运算和数据处理，伴随着信息化技术一起突破了时空的概念，让世界融为一个同步、有机的整体；第四次工业革命是 AI 带给人类的颠覆性革命。数据资源为第三次和第四次工业革命奠定了坚实的基础，让计算机更加智能，让互联网内容更加丰富。

数据组成信息系统最基本的要素有数字、文字、图像、声音、日志等的采集、脱敏、清洗、标注、整合、分析、可视化处理，这些要素的组成让数据变化为数据资源。数据资源作为一项资产，它为我们带来的不仅仅是便利，更多的是价值，甚至可以为企业创造巨大的收益。

2023 年 8 月 21 日，财政部印发了《企业数据资源相关会计处理暂行规定》，并要求企业自 2024 年 1 月 1 日起执行该规定。然而，数据资源的种类很多，企业需要找到符合资产确认条件的数据资源，并对其进行确认与计量，将其反映在会计报表中。

陈宗智老师及其团队撰写的这本《企业数据资源会计》可以帮助会计人员理解《企业数据资源相关会计处理暂行规定》的精神，为企业数据资源会计的实务操作提供具体的指导。

从形式上看，《企业数据资源会计》一书能够给大数据爱好者一些有益的信息，给会计工作人员以实务指导；从内容上看，这本书章节安排合理，可以作为数据资源会计相关培训及财经院校相关课程的参考用书。

总之，数据资源未来给企业带来的价值收益是不可估量的，而这本书的内容将有助于会计实务工作者规范处理数据资源账务，从整体上提高企业数据资源的管理水平。

李 雪

中国海洋大学管理学院会计学系教授

2023 年 8 月 21 日，财政部印发了《企业数据资源相关会计处理暂行规定》，并规定企业自 2024 年 1 月 1 日起按照未来适用法执行。自此，数据资源作为一项资产被正式纳入企业会计报表，步入了会计人员的视野。相对于数据资源迅猛发展的速度和不可估量的价值，实现这一质的跨越可谓经历了漫长的发展历程。

进入 21 世纪，互联网把 20 世纪发明的计算机串联起来，把整个世界有机地融为一体，让构建人类命运共同体成为可能。计算机、互联网、物联网、大数据、AI 智能共同托起了第四次工业革命。第四次工业革命的重中之重自然是数据资源，如果没有大数据的支持，一切皆为空谈。这一次，中国走在了世界的前列，德国的"工业 4.0"和我国的两化融合，都是标志性的变革创新步伐。

数据并不是大量数字，而大量数据也不能称之为数据资源，只有当政府部门或企事业单位针对某个领域、某个事项、某种目标进行前期调查、调研、抽样、统计等研究，或者针对基础资料进行筛选、整理、分类、分析等后期系统加工，再或者企业支付对价购买直接取得数据时，计入存货或无形资产项目下，归集的对象化、预期能够给企业带来经济效益的数据集合，才能称之为数据资源或者数据资源资产。

《企业数据资源相关会计处理暂行规定》的适用范围是企业按照企业会计准则的相关规定确认为无形资产或存货等资产类别的数据资源，以及企业合法拥有或控制的，预期能够给企业带来经济利益，但由于不满足企业会计准则相关资产确认条件而未确认为资产的数据资源的会计处理。本书就是将企业过去交易或事项形成的、企业合法拥有或控制的、预期能够给企业带来经济利益的数据资源作为一项资产，通过确认、计量、记录、报告等会计手段，对企业数据资源的会计处理流程进行了全面、系统、连续、完整的诠释。

全书内容共分为五章。第一章浅析企业数据资源资产，主要讲述数据资源如何具体化、资产化，使之成为可确认、能计量的会计处理对象；第二章以《企业数据资源相关会计处理暂行规定》为准绳，以企业会计准则为依据，以存货和无形资产一般会计处理办法为指引，全面讲解了企业数据资源确认与计量的具体操作方法；第三章列举了企业数据资源的会计处理示例；第四章详细介绍了企业数据资源会计处理之后，会计报表的列报与披露方式；第五章则对数据资源类企业的行业发展前景、数据资源在常规企业和行业中的应用潜能及数据资源会计人才的培养进行了展望。

本书在编写过程中，参考了国家的相关文件、制度、规定和办法，得到了有关政府部门、大数据企业以及部分高校专家的支持和帮助，在此一并表示感谢！

由于相关财税法规、制度更新变化较快，书中难免有错漏之处，恳请读者批评指正，以便再版时修正。

目 录

01

第一章
浅析企业数据资源资产

　　随着信息化和数字化进程的加速，在当今社会，数据已经成为各个领域决策的重要依据，成为信息时代下的重要生产要素。企业的管理者已经逐渐认识到大数据的重要性。为了推动企业管理的快速升级，企业需要构建信息数据处理系统，以在转型的过程中实施智能化管理。从当下企业财务管理的现状来看，在数据处理上，大多数企业正从核算数据转向管理数据。数据资源"入表"（列入会计报表），有利于显化数据资源价值，提升企业数据资产意识，激活数据市场供需主体的积极性，增强数据挖掘及数据交换意愿，提高数据"活性"，为企业对数据进行深度开发和利用提供动力。同时，数据资源"入表"可以帮助企业更加准确地估计和记录资产的价值，更全面地了解自身的财务状况。

第一节 什么是数据资源资产

数据是客观存在，并以一定形式表现出来的，数据不是大量数字，大量数据也尚不能界定为数据资源。数据与数据资源资产之间的区别主要在于数据是否具有使用价值。当政府部门或企事业单位针对某个领域、某个事项、某种目标进行前期调查、调研、抽样、统计等研究，或者针对基础资料进行筛选、整理、分类、分析等后期系统加工，再或者企业支付对价购买直接取得数据时，计入存货或无形资产项目下，归集的对象化、预期能够给企业带来经济效益的数据集合，才能称为数据资源或者数据资源资产。

一、数据的特征与流通方式

数据（data）是对客观事物的逻辑归纳，是事实或观察的结果，也是所有可以输入计算机并通过计算机程序进行相应处理的各种介质（如数字、文字、图像、声音、日志等）的总称，它是组成信息系统最基本的要素。

（一）数据的特征

数据具有以下特征：

（1）数据的大小取决于所考虑的数据的价值和潜在的信息；

（2）数据类型多种多样；

（3）具有可变性；

（4）来源渠道广，数据量较大；

（5）数据的真实性难以辨别，传播速度快。

（二）数据的流通方式

数据流通主要通过政府数据开放、政企合作共享以及企业间交易来实现。当前随着大数据的发展和互联网的推动，以及各市场主体对于数据流通认知的加深，更多的数据流通方式应运而生。

1. 数据授权运营

市场主体通过竞争方式授权运营主体，授权其在一定期限、权限和范围内运营数据。

2. 数据交易平台

通过合法认证的交易平台，根据交易规则实现数据流通，交易平台方对数据交易的安全性、有序性负责。

3. 数据信托

数据所有方将数据作为信托产品委托机构进行管理，信托机构视情况再确定自行或委托第三方对数据进行处理。

4. 数据经纪人

数据经纪人是指以收取佣金为目的，促成数据供需双方完成数据流通的单位或个人。

二、数据资源与数据资源资产

（一）数据资源

数据资源是经过系统整理，储存在现实或虚拟空间里，能够提供一定价值的信息资源。值得注意的是，这个价值是未来时，需要人工判断。当然，数据资源有没有价值，并不是其本身决定的，而是由需求决定的，在不同的使用场景下，同一数据资源也会呈现不同的价值。

如果企业获取的数据资源通过加工、整合、分析、可视化等处理后，能够产生经济利益，那它就变成了数据资源资产。可以说，数据资源和数据资源资产是一体两面，数据资源是客观存在的，而经过加工处理之后便可以形成数据资源资产。

（二）数据资源资产

资产是一种价值化储藏手段，具有经济属性。数据资源资产实质上同实物资产、无形资产一样，但是，并非所有的数据资源都可以转化为数据资源资产。所谓数据资源资产，是指由企业或个人通过过去交易或事项合法取得、拥有或者控制，预期能够为企业带来经济利益，以物理、电子或其他方式存在的数据资源。例如，文本、图像、语音、视频、网页、数据库、传感信号等结构化或非结构化数据，可进行计量或交易，能直接或间接带来经济效益和社会效益。所以，在组织中，并非所有的数据都构成数据资源资产，数据资源资产是能够为组织产生价值的数据资源，数据资源资产的形成需要企业对数据资源进行主动管理并形成有效控制。

大数据与互联网的推动给市场经济带来了前所未有的变革，伴随着变革，数据资源、数据资源资产也成为企业创造收益，甚至是创造超额收益的新基石，未来数据资源不仅是撬动农业、工业的基石，而且它能借助不同企业将创造财富的潜能发挥到各行各业中去。

虽然数据资源及数据资源资产在经济社会中发挥了巨大作用，创造了明确的经济价值，但其产生的价值计量却需要依附在其他活动或其他资产上，这对真实地反映经济实质是不利的，将会阻碍企业经营者的判断和决策，也会误导社会其他决策者，而对于那些生产和利用数据资源资产创造巨大价值的企业来说，也是不公平的。正是因为这样，许多宝贵的大数据资源在不断流失，或者无法发挥其潜在价值。

因此，企业不仅要加强对数据资源及数据资源资产的研究，更要加强对其分析和处理技术的开发，对数据资源及数据资源资产进行合理的界定和核算，将其公允地体现在会计报表上，让数据资源及数据资源资产走进企业会计报表。

第二节　数据资源资产的培育

大数据时代将对经济学、管理学、政治学、社会学、组织学等诸多学科领域产生巨大甚至根本意义上的影响。同样，对会计学或者会计处理方法、流程、实务的影响也不言而喻。数据资源资产是经过系统整理，储存在现实或虚拟空间里，能够提供一定价值的信息资源。

一、数据资源资产的培育土壤

（一）数据资源资产低廉的初始价值

独立的数字、零散的数据尚不能界定为数据资源资产，但是，它们却是形成数据资源资产的基础原料（也称基础样本）。原料的价格相对于产品而言自然较低廉，特别是对于数据资源资产这样的无形资产来说，其原料价格更是低得可怜。例如，有些地方花几千块钱就能购买一个城市的企业注册信息，或者花几百块钱甚至打几个电话就能换取无数个数据样本。

（二）数据资源资产培育土壤的形成

有些数据资源资产的基础样本在取得时的确较为简单且价格低廉，但有些基础原料却需要前期花费高额的成本。例如，人口普查、经济调查等前期都花费了大量的人力、物力、财力，这些数据资源资产基础样本的取得成本就很高。伴随着人们"数据资料信息本身是有价值"的意识的增强，会逐渐形成一个市场，即形成一个由数据原材料、大数据设备、大数据人才、大数据产品组成的市场。这些都将逐渐形成数据资源资产确认的培育土壤。

二、数据资源资产的应用

（一）数据资源资产踩上互联网的风火轮

大数据的普及与应用引起了资本市场的密切关注，一些拥有数据信息资产的企业逐步开始谋求利用大数据进行产业转型升级。伴随着"互联网＋"概念的推出和"大众创业、万众创新"的浪潮，大数据最初被广泛应用于商品流通行业，企业利用大数据进行市场细分，逐步在市场竞争中实现差异化，以抢占市场先机。之后，大数据应用逐步扩大，渗透到交通、物流、医疗、体育、传统服务业甚至农业。

（二）物联网、云计算不可或缺的应用

随着移动互联网、物联网以及云计算和大数据技术日渐成熟，生产制造领域将具备收集、传输及处理大数据的高级能力，形成工业互联网，带动传统制造业的重构，制造业正在发生巨大变化，无论是制造业的参与者角色，还是制造的理念、模式，或是驱动力，都在发生颠覆与重构。物联网、云计算等技术的不断创新，也深刻改变了制造业的产业组织方式、产业演变次序、发展模式、市场竞争焦点等，让制造业发生了颠覆式的变革，由产品的提供者变成了综合解决方案的提供者。

三、企业数据资源在会计处理上的落实

为全面推进我国的大数据发展和应用，加快建设数据强国，国务院于 2015 年以国发〔2015〕50 号印发《促进大数据发展行动纲要》，从国家大数据发展战略的高度，提出了中国大数据发展的顶层设计。《促进大数据发展行动纲要》分为发展形势和重要意义、指导思想和总体目标、主要任务、政策机制四部分。其中，主要任务明确要求加快政府数据开放共享，推动资源整合，提升治理能力；推动产业创新发展，培育新兴业态，助力经济转型；强化安全保障，提高管理水平，促进健康发展。政策机制则提出要完善组织实施机制，加快法规制度建设，健全市场发展机制，建立标准规范体系，加大财政金融支持，加强专业人才培养，促进国际交流合作。

（一）《企业数据资源相关会计处理暂行规定》的印发背景

为了贯彻党中央、国务院决策部署，服务数字经济健康发展；也为了加强企业会计准则实施，服务相关会计实

务需求，推进会计领域创新研究，服务数字经济治理体系建设，同时规范企业数据资源相关会计处理，强化相关会计信息披露，财政部于 2023 年 8 月 21 日印发了《企业数据资源相关会计处理暂行规定》（以下简称《暂行规定》），并要求企业自 2024 年 1 月 1 日起按照未来适用法执行该规定。自此，数据资源作为一项资产可以纳入企业会计报表的正式殿堂，步入会计人员的视野。

1. 加强企业会计准则实施，服务相关会计实务需求

目前，有关各方正在积极推动数据要素市场建设，对数据资源是否可以作为资产确认、作为哪类资产确认和计量以及如何进行相关信息披露等会计问题进行了深入研究。当然，部分企业对数据资源能否作为会计上的资产"入表"、作为哪种资产入表等存在疑虑，还需要相关方面加强指引。制定《暂行规定》将有助于进一步推动和规范企业执行数据资源相关会计准则，准确反映数据资源相关业务和经济实质。同时，也将为持续深化相关会计问题研究积累中国经验，有助于我们在国际会计准则相关研究和准则制定工作中更好地发出"中国声音"。

2. 推进会计领域创新研究，服务数字经济治理体系建设

近年来，国际会计领域对无形资产会计处理的改进日益关注，其中就涉及数据资源会计问题，目前业内普遍认同加强信息披露是短期内务实的解决路径。《暂行规定》的制定与颁布，进一步强化了数据资源相关信息的披露，这将为有关监管部门完善数字经济治理体系、加强宏观管理提供会计信息支撑，也将为投资者等会计报表使用者了解企业数据资源价值、提升决策效率提供有用信息。

（二）《暂行规定》的制定原则

《暂行规定》的制定原则为依法依规、务实有效，聚焦实务、加强指引，加强创新、积极稳妥。

（1）依法依规、务实有效。《暂行规定》在充分论证的基础上，明确企业数据资源的会计处理适用于现行企业会计准则，不改变现行准则的会计确认与计量要求，同时明确了数据资源资产计量的基础。

（2）聚焦实务、加强指引。《暂行规定》充分采纳社会公开征求意见和专题调研中有关各方提出的合理建议，结合当前企业数据资源特点和业务流程等，对实务中反映的成本构成、资产使用寿命估计等重点问题做出细化指引，以推动企业准确执行相关会计准则。

（3）加强创新、积极稳妥。《暂行规定》采取"强制披露加自愿披露"的方式，围绕各方的信息需求重点，一方面细化会计准则要求披露的信息，另一方面鼓励并引导企业持续加强自愿披露，向利益相关方提供更多与发挥数据资源价值有关的信息。

（三）《暂行规定》的主要内容

《暂行规定》适用于符合企业会计准则规定、可确认为相关资产的数据资源，以及不满足资产确认条件而未予确认的数据资源的相关会计处理。后续随着未来数据资源相关理论和实务的发展，《暂行规定》的内容将及时跟进调整。

企业应根据自身经济利益的实现方式，按照自用、对外提供服务、日常持有以备出售等不同业务模式，明确相关会计处理适用的具体准则。同时，对实务中反映的一些重点问题，结合数据资源业务等实际情况予以细化。

　　企业还应当根据重要性原则，结合实际情况增设报表子项目，通过表格方式细化披露。企业可根据实际情况自愿披露数据资源（含未作为无形资产或存货确认的数据资源）的应用场景或业务模式、原始数据类型来源、加工维护和安全保护情况、涉及的重大交易事项、相关权利失效和受限等相关信息，主动加强数据资源相关信息的披露。

（四）《暂行规定》贯彻实施的注意事项

　　企业在贯彻实施《暂行规定》的过程中，应注意以下事项。

1. 做好前后衔接工作

　　《暂行规定》是在现行企业会计准则体系下的细化规范，在会计确认计量方面与现行无形资产、存货、收入等相关准则是一致的，不属于国家统一的会计制度等要求变更的会计政策。同时，《暂行规定》要求采用未来适用法执行，企业在《暂行规定》施行前已费用化计入当期损益的数据资源相关支出不再调整，即不应将前期已经费用化的数据资源重新资本化。

2. 严格执行企业会计准则

企业应当严格按照企业会计准则中关于相关资产的定义和确认条件、无形资产研究开发支出的资本化条件等规定，以及《暂行规定》的有关要求，结合企业数据资源的实际情况和业务实质，对数据资源资产的归类做出正确的判断并进行会计处理。

3. 积极加强信息披露

随着产业数字化和数字产业化进程的加快，数据资源对于企业的价值创造等日益发挥重要作用，投资者、监管部门、社会公众等有关各方都非常关注数据资源的利用情况。《暂行规定》兼顾了信息需求、成本效益和商业秘密保护，创新性地提出自愿披露方式，并围绕各方关注的焦点对重要披露事项做出规范和指引。企业应当充分认识到，提供有关披露信息，对企业及相关方更好地理解会计报表、揭示数据资源价值具有重要意义，主动按照企业会计准则和《暂行规定》的要求自愿披露相关信息，有助于全面反映数据资源对企业财务状况、经营成果等的影响。

第三节　数据资源资产确认与计量的标准

根据《暂行规定》及相关会计准则的要求，企业应将过去交易或事项形成的、企业合法拥有或控制的、预期能够给企业带来经济利益的数据资源作为一项资产，通过确认、计量、记录、报告等会计手段，全面、系统、连续、完整地做出会计处理。

一、数据资源资产确认的理论基础

从数据的持有者来看，无论是主动获取还是被动获取，数据资源都需要消耗一定的经济资源才能获取，并且预期会给数据持有者带来经济利益。企业应当按照具体会计准则的规定，根据数据资源的持有目的、形成方式、业务模式，以及与数据资源有关的经济利益的预期消耗方式等，对数据资源相关交易和事项进行会计确认、计量与报告。

从数据资源的存在形态来看，其主要包括数字信息、文字信息、图像信息、语言信息等，具有虚拟化、数据化、非实体等特征，因而其不具备确认为"固定资产"的要素条件。

对于企业使用的数据资源，符合《企业会计准则第6号——无形资产》（以下简称《无形资产准则》）中无形资产定义的——"企业拥有或控制的没有实物形态的可辨认非货币性资产"，企业应将数据资源作为无形资产进行确认，在"无形资产"科目下单设"数据资源"明细科目进行核算。

对企业日常活动中持有、最终目的用于出售的数据资源，符合《企业会计准则第1号——存货》（以下简称《存货准则》）规定的定义和确认条件的，企业应当将其确认为存货。

二、数据资源资产计量的技术支持

（一）数据资源资产计量存在的问题

从理论上讲，数据资源资产的计量并不复杂，但在实际操作中需要太多的技术支持，或者说需要太多账务处理的合法依据。例如，判断购买数据资源资产支付的对价是否合理，就不能仅停留在供需双方的合同协议上，还需要看发票金额。不管是由供方提供发票，还是由需方到税务机关代开发票，其发票上的金额都应当与合同协议约定的价格相对应。同时，税务机关应该制定最低计税标准，或者借助数据资源资产评估机构给出的评估值判断数据资源资产交易价格的合理性。再例如，投资者投入的数据资源资产的价格是否公允，也存在类似的问题。

评估数据资源资产，首先，要从政策层面完善数据资源资产的评估准则、细则、操作指南；其次，企业及社会应培养更多的数据资源资产评估专业人才，提高资产评估师的数据资源资产评估技能；最后，有胜任能力的资产评估事务所应增加数据资源资产评估的业务范围，同时建立数据资源资产登记确权、价值评估、交易服务公共平台。通过数据资源资产评估，不仅可以为数据资源资产走进企业的会计报表提供合理合法的依据，也可以为企业将来的数据资源资产抵押贷款、资产证券化的等价支付、有序流动，最终形成数据资源产业和产业链奠定基础。

在税收上，我们需要重点关注数据资源资产交易的发票开具问题。发票有增值税普通发票和增值税专用发票，而只有开具增值税专用发票，税务机关才能掌控数据资源资产的交易流转税，供方企业或自然人才能从源头上缴纳增值税及其附加，需方企业才能获得合法的企业所得税税前扣除凭证。

（二）数据资源资产化

企业的经营目标及生存价值就是在竞争中盈利，这是市场经济条件下企业运营的基本准则。在知识经济和经济全球化背景下，企业和组织加强资产管理，提高资产的数量和质量是增强自身竞争力的重要路径。目前数据资源资产已经在日常生活和国民经济中展现出巨大的活力，它可以在不增加大量成本投入的基础上，通过采集利用一些历史数据，在原来价值之外，额外增加一分价值，其表现形式为收入的增加和成本的节约。

例如，某电信公司就曾利用历史数据成功策划了一场营销活动。该公司从北京市 500 万手机用户的 20TB 行为大数据中，先根据 URL 库规则分离出 185.1 万对移动流量有需求的用户；然后根据目标业务的需要，筛选出 17 301 名有重度流量需求的目标用户展开呼叫试验。考虑到首次试验的风险和成本，该公司根据营销成功可能性系数（> 18）和银牌用户的数量，最终选定 2 640 名手机用户作为营销目标。这次呼叫试验的成功率达到了 34.83%，相比之前的营销成功率 2% ~ 3%，提高了 10 倍以上，这一成绩极大地鼓舞了一线营销人员。需要说明的是，这里营销成功的定义是手机用户提高了电话套餐金额，增加订购了流量包，直接产生了合同收入。

这个案例让我们看到，经过分离的历史数据产生了直接的合同收入，有了价值，可以成为资产。同时，在这一过程中，企业中的相关工作人员投入了劳动，收入该如何分配？这些历史数据或许也会被用于其他研究和开发，产生其他的收入，其价值是简单的叠加吗？当下看似毫无经济价值的历史数据，也许以后会为企业带来收益，其价值应该如何判定？虽然数据资源和数据资源资产在经济社会中发挥了巨大作用，产生了明确的经济价值，但其产生的价值计量却需要依附在其他活动和其他资产上，作为副产物的大数据，其产生的成本是零吗？我们要想弄明白这些问题，就需要将数据资源资产化，对数据资源的价值进行计量。

1. 大数据对设置会计子科目的帮助

大数据是数据集合的一种，当数据具有资产属性时，就可以成为数据资产，而具备资产属性的大数据就是数据资源资产。根据大数据的来源，我们可以将其简单地分为两大类：一是人文大数据，即人类活动及其记录所产生的各类数据；二是机器大数据，即各种机器尤其是计算机产生的大数据。大数据的特点和分类，可以帮助我们合理设置数据资源资产的会计子科目。

从目前数据资产的概念可知，数据资产是企业和组织拥有或控制，能给企业和组织带来未来经济利益的数据资源。其中包含了以下几层含义。

第一，从经济利益角度理解，数据资产不仅可以给企业和组织直接或间接带来资金、现金等价物等，还具有为企业和组织经营带来某种利益的可能性。

第二，从资产存在状态方面理解，数据资产可以是实物形式的，如书本、备忘录、档案、表格、照片及记录等，也可以是电子形式的文件，如数据库、电子日志、各种电子表格、录音录像、应用程序及软件等。

第三，从拥有或控制方式方面理解，企业和组织可以自行产生或开发数据资源，也可以从外部市场购买或合作使用各种数据。

第四，从会计学角度整体理解，数据资产的取得、占有、收益、处理均可以货币计量为基本前提进行账务处理，并体现在会计准则规定的资产负债表或利润表中。

2. 数据资源资产的货币计量

数据资源的种类很多，企业需要找到符合资产确认条件的数据资源。

首先，企业要对数据资源拥有控制权；其次，企业要对数据资源拥有收益权，若数据资源不能为企业带来经济利益，则不能称之为资产；最后，数据资源要可以量化为货币，即货币化。

从目前数据资源资产的发展和应用情况来看，数据资源在具有资产属性的基础上，还具有无形资产的一些特性，即没有实物形态、可辨认、属于非货币性资产、能够给企业带来未来预期收益及具有不确定性。因此，对于数据资源资产的货币计量，我们应遵循如下原则。

（1）对符合无形资产确认条件的数据资源，企业应将其确认为无形资产，在资产负债表中列示，并在"无形资产"项目下增设"其中：数据资源"项目，用于反映资产负债表日确认为无形资产的数据资源的期末账面价值。

（2）对处于研究开发阶段的数据资源资产，企业应在"开发支出"项目下增设"其中：数据资源"项目，用于反映资产负债表日企业正在进行的数据资源研究开发项目中满足资本化条件的项目支出金额。

（3）对符合存货确认条件的数据资源资产，企业应将其确认为存货，在资产负债表中列示，并根据重要性原则结合本企业的实际情况，在"存货"项目下增设"其中：数据资源"项目，用于反映资产负债表日确认为存货的数据资源的期末账面价值。

（三）数据资源资产评估标准化

2016 年 1 月，中国大数据金融产业创新战略联盟成立大会暨首届中国大数据金融产业创新论坛在贵阳市隆重召开，中国标准化研究院相关负责人在会上指出："大数据产业受到了全国重视，各地都在大力发展大数据产业。大数据产业的核心枢纽是数据交易，而数据资产评估、定价是数据交易的核心。大数据产业的发展迫切需要我们对数据资产开展评估，将企业的数据转化为有价的无形资产，而建立一套客观、规范、公平、切实可行的数据资产评估体系，将有力推动资产交易体系健康发展。"

建立资产评估体系，很重要的一个手段就是标准化。标准化的本质是通过统一的规范和规则，实现最佳效益。标准化方法的运用，有助于数据有序化，确保其准确性和可靠性。

2023 年 9 月 8 日，中国资产评估协会在财政部的指导下印发《数据资产评估指导意见》（以下简称《指导意见》），规定自 2023 年 10 月 1 日起施行。《指导意见》的制定为数据资产的确认、计量、核算、交易提供了依据，有利于推动数据资产交易，发挥数据资产价值，使资产评估行业能够更好地在数据资产交易、出资、融资等环节中对数据资产的价值进行计量。

（四）数据资源资产交易税源监控化

在税收上，税务机关需要对企业的数据资源资产交易进行税源监控。首先，数据资源资产交易应被列入增值税细目，确定其征收率和税率；其次，对数据资源资产的最低摊销年限要有明确的规定。在流转税环节，企业应依据确定的交易额或者税务机关制定的最低交易标准价计算流转税，同时根据发票进行企业所得税鉴证。以此，达到数据资源资产交易的税源监控化。

数据资源资产评估标准化和税源监控化可以为企业数据资源资产的登记确认、评估及交易提供合理合法的依据。在数据资源资产评估标准化和税源监控化的技术支持下，企业可以合理地对数据资源资产进行确认和计量，正确地做出会计处理，并将其公允地体现在会计报表上。

三、数据资源资产的会计处理方法

数据资源资产具有"无形"的特征，它不同于现有存货类有形资产项目，企业不能将其简单地放置或混杂在"库存商品""产成品"等会计科目明细项下，更不能和有形资产混为一谈。

通过对数据资源资产确认的条件进行分析可知，在会计处理实务上，当企业针对某个领域、某个事项、某种目标进行前期调查、调研、抽样、统计等研究，或者针对基础资料进行筛选、整理、分类、分析等后期系统加工，再或者企业支付对价购买取得数据时，应当将归集的对象化的成本费用确认为"研发支出"，将非对象化的成本费用确认为期间费用。

在将归集的对象化的成本费用确认为"研发支出"的基础上，数据资源资产能够以研究报告等现实产品形式对外提供给数据使用者；或者能够在虚拟空间里供使用者随时使用的，企业应将"研发支出"确认为"无形资产"。而对于企业日常活动中持有、最终目的用于出售的数据资源，符合《存货准则》规定的定义和确认条件的，企业应当将其确认为存货。

本章小结

通过对本章内容的梳理与分析，以及对企业会计准则的理解，我们可以总结出数据资源资产具有以下特征。

1. 企业拥有或控制并能带来经济利益

数据资源作为企业的一项资产，无论是主动获取还是被动获取，企业都拥有对数据资源进行删除、复制、加工的权利。数据资源经过加工和挖掘，可以为企业带来经济利益。企业对有些数据不一定拥有所有权，如网络上用户的评论，但企业能通过约束或控制这些数据获取经济利益，这也表明企业控制了该数据资源。

2. 不具有实物形态

数据资源不具有实物形态。数据资源的存在有赖于实物载体，需要存储在有形的介质（如计算机硬盘、移动硬盘）中，但这不改变数据资源不具有实物形态的特性。数据资源通过数据挖掘形成资产后，虽然以抽象的形态存储于介质中，但资产价值与存储的介质无关，因而不能将其具化于某一项实物形态的资产上。

3. 使用具有长期性

数据资源资产能为企业带来长期的利益，但随着时间的推移，其价值会呈逐渐衰减的趋势。企业持有数据资源资产的目的不仅仅是在当期销售，也是为了在未来一段时间内不断地为企业带来经济利益，因而数据资源资产的使用具有长期性。

4. 具有可辨认性

数据资源资产源于数据的加工和挖掘，它必须能够从企业中单独分离或划分出来，能够单独确认、计量，用于出售、转移或交换等。因此，数据资源资产的确认应同时满足以下两个条件。

一是与数据资源资产有关的经济利益很可能流入企业。经过大数据技术挖掘、处理后，只有当数据资源所产生的未来利益很可能流入企业时，相关支出方可资本化，否则企业应将数据挖掘、处理的支出计入当期费用。

二是数据资源资产的成本能够单独可靠计量。对于数据资源资产，企业无论是主动获取还是被动获取，都需要消耗一定的成本，当成本能够单独、可靠计量时，企业应将成本予以资本化。

02

第二章
企业数据资源的确认与计量

　　《暂行规定》明确了企业数据资源的定义、分类、计量方法和披露要求。根据《暂行规定》的要求，企业应当将数据资源分为无形资产、存货等类别的资产，并按照其性质和使用方式进行计量。《暂行规定》还要求企业对数据资源进行全面披露，包括披露数据资源的名称、数量、成本、使用情况、经济利益等信息。因此，《暂行规定》的颁布将有助于企业提高数据资源的管理水平，并促进数据资源的有效利用。

第一节　无形资产类企业数据资源的
初始确认与计量

企业使用的数据资源，符合《无形资产准则》规定的定义和确认条件的，企业应当将其确认为无形资产，并按照《无形资产准则》《〈企业会计准则第 6 号——无形资产〉应用指南》（以下简称《无形资产准则应用指南》）等规定，对确认为无形资产的数据资源进行初始计量。

一、外购无形资产类企业数据资源

【知识点 1】

企业以银行存款支付的外购数据资源款项，包括数据脱敏、清洗、标注、整合等直接归属于该项无形资产的支出。企业外购取得的数据资源，直接或简单处理后能够以研究报告等现实产品形式对外提供给数据资源使用者，或者能够在虚拟空间里供数据资源使用者随时使用的，账务处理具体的确认与计量方法如下：

借：无形资产——数据资源
　　贷：银行存款

"无形资产——数据资源"的入账价值包括购买价款、相关税费；直接归属于使该项无形资产达到预定用途，在加工过程中所发生的数据采集脱敏、清洗、标注、整合、分析、可视化等有关支出；数据权属鉴证、质量评估、登记结算、安全管理等费用支出。

【知识点2】

企业外购取得的数据资源，直接或简单处理后不能以研究报告等现实产品形式对外提供给数据资源使用者，或者不能在虚拟空间里供数据资源使用者随时使用，不符合《无形资产准则》规定的无形资产定义和确认条件的，应当根据用途计入当期损益。账务处理具体的确认与计量方法如下：

借：管理费用——技术研发费

　　贷：银行存款

"管理费用——技术研发费"包括全部不符合《无形资产准则》规定的无形资产定义和确认条件的当期损益，即全部以外购方式取得数据采集、脱敏、清洗、标注、整合、分析、可视化等服务所发生的有关支出。

【知识点3】

企业外购取得的数据资源，直接或简单处理后不能以研究报告等现实产品形式对外提供给数据资源使用者，或者不能在虚拟空间里供数据资源使用者随时使用，不符合《无形资产准则》规定的无形资产定义和确认条件，但是经专业技术鉴定或技术人员判断，经过进一步研发能够满足无形资产定义和确认条件的，账务处理具体的确认与计量方法如下：

借：研发支出——开发阶段支出（数据资源）

　　贷：银行存款

企业内部数据资源研究开发项目的支出，应当区分研究阶段支出与开发阶段支出。研究阶段的支出，应当于发生时计入当期损益。开发阶段的支出，满足《无形资产准则》第九条规定的资本化条件的，才能确认为无形资产；不满足资本化条件的，须转入当期损益。上述"研发支出——开发阶段支出（数据资源）"就是归集某个企业数据资源产品或无形资产整个开发过程支出的会计科目。

《无形资产准则》第九条："企业内部研究开发项目开发阶段的支出，同时满足下列条件的，才能确认为无形资产：

（一）完成该无形资产以使其能够使用或出售在技术上具有可行性；

（二）具有完成该无形资产并使用或出售的意图；

（三）无形资产产生经济利益的方式，包括能够证明运用该无形资产生产的产品存在市场或无形资产自身存在市场，无形资产将在内部使用的，应当证明其有用性；

（四）有足够的技术、财务资源和其他资源支持，以完成该无形资产的开发，并有能力使用或出售该无形资产；

（五）归属于该无形资产开发阶段的支出能够可靠地计量。"

在外购时间点，数据资源不符合《无形资产准则》规定的无形资产定义和确认条件，但是经专业技术鉴定或技术人员判断，经过进一步研发能够满足无形资产定义和确认条件的，进入研发阶段之后的账务处理，参照自行研究开发企业数据资源的账务处理规定执行。

二、自行研发无形资产类企业数据资源

【知识点4】

企业自行研发数据资源产品，项目研发阶段发生的数据采集、脱敏费及人工费用，均属于研究阶段支出。账务处理具体的确认与计量方法如下。

首先，企业直接以银行存款或库存现金支付的研究阶段支出部分，借记"研发支出——研究阶段支出（数据资源）"，同时贷记"银行存款"或"库存现金"科目。"研发支出——研究阶段支出（数据资源）"的入账价值包括研发人员的人工费、直接投入、委托外部研发投入，数据采集、脱敏、清洗、标注、整合、分析、可视化等加工成本，以及使无形资产达到目前场所和状态所发生的其他支出。会计分录为：

借：研发支出——研究阶段支出（数据资源）
　　贷：银行存款

其次，企业应分配或计提职工薪酬，贷记"应付职工薪酬"，其他间接发生的研究阶段支出的账务处理与其类似。会计分录为：

借：研发支出——研究阶段支出（数据资源）
　　贷：应付职工薪酬

【知识点 5】

假定经过长时间研究，企业不断归集"研发支出——研究阶段支出（数据资源）"，若最终经判定不符合《无形资产准则》规定的无形资产定义和确认条件，则"研发支出——研究阶段支出（数据资源）"应转入当期损益。账务处理具体的确认与计量方法如下：

借：管理费用——技术研发费
    贷：研发支出——研究阶段支出（数据资源）

本知识点意在告诉我们，企业数据资源产品的研发存在较大的风险。无论是在研究阶段还是在开发阶段，均有可能出现研发失败的情况，从而导致前面支付的研发费用付之东流。

【知识点 6】

假定经过长时间研究，企业不断归集"研发支出——研究阶段支出（数据资源）"，若最终经判定符合进一步开发的条件，"研发支出——研究阶段支出（数据资源）"应转入"研发支出——开发阶段支出（数据资源）"。账务处理具体的确认与计量方法如下：

借：研发支出——开发阶段支出（数据资源）
　　贷：研发支出——研究阶段支出（数据资源）

实务中，这部分内容强调的是从研究阶段到开发阶段，首先需要专业人员的判断，即判断进一步开发的可能性、必要性；其次需要董事会或总经理办公会等类似的企业管理机构的认可。

【知识点7】

在【知识点5】的基础上，若项目研究阶段结束（研究阶段失败），但后期认为该项目在经济上具有重新开发的需求或价值，则发生的数据整合、分析支出，人工支出，相关设备折旧费和摊销各类仪器、设备费用支出等均符合无形资产资本化条件的，该数据资源达到预定用途后，账务处理具体的确认与计量方法如下。

（1）直接以银行存款或库存现金支付的开发阶段

支出：

　　借：研发支出——开发阶段支出（数据资源）

　　　　贷：银行存款

（2）应付职工薪酬分配或计提，以及其他间接发生的开发阶段支出：

　　借：研发支出——开发阶段支出（数据资源）

　　　　贷：应付职工薪酬

　　　　　　累计折旧

　　　　　　累计摊销

（3）符合《无形资产准则》规定的无形资产定义和确认条件的，"研发支出——开发阶段支出（数据资源）"转入"无形资产——数据资源"：

　　借：无形资产——数据资源

　　　　贷：研发支出——开发阶段支出（数据资源）

【知识点8】

在【知识点6】的基础上，若项目研究阶段结束（研究阶段成功）进入开发阶段，该项目在技术上已具有可行性，发生的数据整合、分析支出，人工支出，相关设备折旧费和各类仪器、设备的摊销费用均符合无形资产资本化条件，则该数据资源达到预定用途后，账务处理具体的确认与计量方法如下。

（1）直接以银行存款或库存现金支付的开发阶段支出：

借：研发支出——开发阶段支出（数据资源）
　　贷：银行存款

（2）应付职工薪酬分配或计提，以及其他间接发生的开发阶段支出：

借：研发支出——开发阶段支出（数据资源）
　　贷：应付职工薪酬
　　　　累计折旧
　　　　累计摊销

（3）符合《无形资产准则》规定的无形资产定义和确认条件的，"研发支出——开发阶段支出（数据资源）"转入"无形资产——数据资源"：

借：无形资产——数据资源
　　贷：研发支出——开发阶段支出（数据资源）

注意：【知识点7】和【知识点8】的区别在于，前者是研究阶段失败，研究阶段的费用支出没有延续到开发阶段；后者是研究阶段成功，研究阶段的费用支出延续到了开发阶段，这时开发阶段支出的计量金额就包含了上一个环节（研究阶段）的支出金额。

【知识点9】

企业数据资源研发过程中，可能需要领用（使用）企业数据资源存货中的某项数据资源产品。例如，无形资产甲数据资源在研发过程中领用（使用）了A数据资源和B数据资源，则账务处理具体的确认与计量方法如下：

借：研发支出——开发阶段支出（甲数据资源）

　　贷：数据资源产品——A 数据资源

　　　　　　　　　　——B 数据资源

　　待甲数据资源研发成功，并且符合《无形资产准则》规定的无形资产定义和确认条件后，"研发支出——开发阶段支出（甲数据资源）"应转入"无形资产——甲数据资源"。也就是说，企业在企业数据资源产品或无形资产开发过程中，可能需要领用"自制"或"外购"的存货类企业数据资源。

第二节　存货类企业数据资源取得的
确认与计量

对企业日常活动中持有、最终目的用于出售的数据资源，符合《存货准则》规定的定义和确认条件的，企业应当将其确认为存货。企业按照《存货准则》《〈企业会计准则第 1 号——存货〉应用指南》（以下简称《存货准则应用指南》）等规定，对确认为存货的数据资源进行初始计量时，应设置"数据资源产品"一级会计科目。

一、自行研发存货类企业数据资源

【知识点 10】

企业自行加工数据资源产品（如 B 数据资源），项目加工阶段发生的数据采集、脱敏费和人工费用，以及相关设备折旧费与各类仪器、设备摊销费用等均符合存货条件的，该数据资源达到预定用途后，账务处理具体的确认与计量方法如下。

（1）直接以银行存款或库存现金支付的 B 数据资源采购成本，数据采集、脱敏、清洗、标注、整合、分析、可视化等加工成本，以及使存货达到目前场所和状态所发生的其他支出：

借：劳务成本——B 数据资源（待开发数据资源）
　　贷：银行存款

（2）应付职工薪酬分配或计提，以及其他间接发生的 B 数据资源加工支出：

借：劳务成本——B 数据资源（职工薪酬）
　　　　　　——B 数据资源（累计折旧）
　　　　　　——B 数据资源（累计摊销）
　　贷：应付职工薪酬
　　　　累计折旧
　　　　累计摊销

（3）符合《存货准则》规定的存货定义和确认条件的，劳务成本应转入"数据资源产品——B数据资源"：

借：数据资源产品——B数据资源
　　贷：劳务成本——B数据资源（待开发数据资源）
　　　　　　——B数据资源（职工薪酬）
　　　　　　——B数据资源（累计折旧）
　　　　　　——B数据资源（累计摊销）

其中，"劳务成本"是非生产性企业归集劳务或服务成本的会计科目，使用上类似于生产企业的"生产成本"。"劳务成本"的二级会计科目原则上按照具体的劳务成本项目设置命名，实务中再借助会计电算化软件设置"项目核算"，按照具体的劳务或服务合同、订单项目进行分类。在教学或纸质资料学习过程中，为了更加直观地读懂会计核算的具体内容，上述内容二级科目取项目核算的名称，将劳务或服务成本项目作为三级专栏。

【知识点 11】

数据资源产品在研发过程中，可能会有研发失败的风险。假定最终上述研发没有形成数据资源产品 B，则应当将研发归集的劳务成本结转至当期损益。账务处理具体的确认与计量方法如下：

借：管理费用——技术研发费

　贷：劳务成本——B 数据资源（待开发数据资源）

　　　　　　——B 数据资源（职工薪酬）

　　　　　　——B 数据资源（累计折旧）

　　　　　　——B 数据资源（累计摊销）

二、外购存货类企业数据资源

【知识点 12】

企业以银行存款外购的数据资源（如 A 数据资源），直接或简单处理后能够以研究报告等现实产品形式对外提供给数据资源使用者，或者能够在虚拟空间里供数据资源使用者随时使用的，账务处理具体的确认与计量方法如下：

借：数据资源产品——A 数据资源

　　贷：银行存款

"数据资源产品——A 数据资源"的入账价值包括采购成本（购买价款、相关税费、保险费），以及数据权属鉴证、质量评估、登记结算、安全管理等所发生的其他可归属于存货采购成本的费用。

【知识点 13】

企业外购取得的数据资源，直接或简单处理后不能以研究报告等现实产品形式对外提供给数据资源使用者；或者不能在虚拟空间里供数据资源使用者随时使用，不符合《存货准则》规定的存货定义和确认条件的，应当根据用途计入当期损益。账务处理具体的确认与计量方法如下：

借：管理费用——技术研发费

　　贷：银行存款

【知识点14】

企业外购取得的数据资源（如A数据资源），直接或简单处理后不能以研究报告等现实产品形式对外提供给数据资源使用者；或者不能在虚拟空间里供数据资源使用者随时使用，不符合《存货准则》规定的存货定义和确认条件，但是经专业技术鉴定或技术人员判断，通过直接嫁接企业自有数据资源产品B，即可满足《存货准则》规定的存货定义和确认条件的，账务处理可以采用以下两种方式。

（1）将外购数据资源产品A理解为数据资源产品"大A或次A"，在外购直接入账模式下：

借：数据资源产品——次A数据资源

　　贷：银行存款

　　　　数据资源产品——B数据资源

（2）将外购数据资源产品A理解为数据资源产品"大A或次A"，但此时其已经不是外购的原数据资源产品A，假定"一加一"之后的数据资源产品名称为甲，在外购间接入账模式下，账务处理如下。

①数据资源产品 A 先行入账：

借：数据资源产品——A 数据资源
　　贷：银行存款

②数据资源产品甲再行入账：

借：数据资源产品——甲数据资源
　　贷：数据资源产品——A 数据资源
　　　　　　　　　　——B 数据资源

③抑或将上述两笔会计分录合并处理（该处理方式忽略了外购数据资源产品 A 的账面记录，实务中不建议如此操作）：

借：数据资源产品——甲数据资源
　　贷：银行存款
　　　　数据资源产品——B 数据资源

注意：本知识点和【知识点 12】的区别在于，本知识点中的"数据资源产品——次 A 数据资源"或"数据资源产品——甲数据资源"的账面价值大于【知识点 12】中的"数据资源产品——A 数据资源"，差额部分为嫁接企业自有数据资源产品 B 的账面价值。

【知识点 15】

企业外购取得的数据资源（如 A 数据资源），直接或简单处理后不能以研究报告等现实产品形式对外提供给数据资源使用者，或者不能在虚拟空间里供数据资源使用者随时使用，不符合《存货准则》规定的存货定义和确认条件，但是经专业技术鉴定或技术人员判断，通过直接嫁接企业处于自行研发过程中的数据资源产品 B，即可满足《存货准则》规定的存货定义和确认条件的，若数据资源产品 B 尚未研发成功，其研发过程中的价值在"劳务成本——B 数据资源"中，衔接【知识点 10】"劳务成本——B 数据资源"的账面余额。此时，账务处理具体的确认与计量方法如下。

（1）将外购数据资源产品 A 理解为数据资源产品"大 A 或次 A"，在外购直接入账模式下：

借：数据资源产品——A 数据资源

　　贷：银行存款

　　　　劳务成本——B 数据资源（待开发数据资源）

　　　　　　　　——B 数据资源（职工薪酬）

　　　　　　　　——B 数据资源（累计折旧）

　　　　　　　　——B 数据资源（累计摊销）

（2）将外购数据资源产品 A 理解为数据资源产品"大 A 或次 A"，但此时其已经不是外购的原数据资源产品 A，假定"一加一"之后的数据资源产品名称为甲，在外购间接入账模式下，账务处理如下。

①数据资源产品 A 先行入账：

借：数据资源产品——A 数据资源

　　贷：银行存款

②数据资源产品甲再行入账：

借：数据资源产品——甲数据资源

　　贷：数据资源产品——A 数据资源

　　　　劳务成本——B 数据资源（待开发数据资源）

　　　　　　——B 数据资源（职工薪酬）

　　　　　　——B 数据资源（累计折旧）

　　　　　　——B 数据资源（累计摊销）

第三节　存货类企业数据资源收入和成本的确认与计量

《暂行规定》明确要求，企业出售确认为存货的数据资源，应当按照《存货准则》将其成本结转为当期损益；同时，企业应当按照《企业会计准则第 14 号——收入》（以下简称《收入准则》）等规定确认相关收入。

企业出售未确认为资产的数据资源，也应当按照《收入准则》等规定确认相关收入。

【知识点 16】

承接【知识点 10】，企业将自行研发成功的 B 数据资源出售并取得收入，若不考虑销售企业数据资源产品涉及的增值税，则账务处理具体的确认与计量方法如下。

（1）假设企业将数据资源收入确认为"主营业务收入"：

借：银行存款

　　贷：主营业务收入

（2）同时确认企业数据资源成本：

借：主营业务成本

　　贷：数据资源产品——B 数据资源

（3）假设企业将数据资源收入确认为"其他业务收入"：

借：银行存款

　　贷：其他业务收入

（4）同时确认企业数据资源成本：

借：其他业务支出

　　贷：数据资源产品——B 数据资源

【知识点 17】

承接【知识点 10】，企业将自行研发成功的 B 数据资源出售并取得收入，若考虑销售企业数据资源产品涉及的增值税，则账务处理具体的确认与计量方法如下。

（1）假设企业将数据资源收入确认为"主营业务收入"：

借：银行存款

　　贷：主营业务收入

　　　　应交税费——应交增值税（销项税额）

（2）同时确认企业数据资源成本：

借：主营业务成本

　　贷：数据资源产品——B 数据资源

（3）假设企业将数据资源收入确认为"其他业务收入"：

借：银行存款

　　贷：其他业务收入

　　　　应交税费——应交增值税（销项税额）

（4）同时确认企业数据资源成本：

借：其他业务支出

贷：数据资源产品——B 数据资源

注意：【知识点 16】和【知识点 17】的区别在于，"主营业务收入"或"其他业务收入"若不考虑增值税，计量金额为销售收入；若考虑增值税，则计量金额为售价。

关于企业数据资源产品适用的增值税税率，目前政策尚未明确。本书示例演示过程中，一般会忽略增值税的计算和确认。同时，本书其他章节也将企业数据资源产品的收入，以"主营业务收入"为例进行会计处理演示。除个别示例需要，不再区分演示"主营业务收入"和"其他业务收入"的账务处理。

【知识点 18】

承接【知识点 10】，假定企业将自行研发尚未成功的 B 数据资源出售并取得收入。

如【知识点 10】所示，企业已经为研发 B 数据资源投入了成本。在 B 数据资源的成交价低于研发投入的情况下，若企业以数据资源产品开发为主营业务，则一般账务处理过程中，由该自行研发尚未成功的 B 数据资源出售取得的收入承担全部对应的研发成本费用。账务处理具体的确认与计量方法如下。

（1）假设企业将数据资源收入确认为"主营业务收入"：

借：银行存款

　　贷：主营业务收入

（2）同时确认企业数据资源成本：

借：主营业务成本

　　贷：劳务成本——B 数据资源（待开发数据资源）

　　　　　　　　——B 数据资源（职工薪酬）

　　　　　　　　——B 数据资源（累计折旧）

　　　　　　　　——B 数据资源（累计摊销）

上述是以数据资源产品开发为主的企业的一般账务处

理。在企业成长初期或具有"科研院所性质"的企业，也可以将前期投入的成本费用高于成交价的部分视作"管理费用——技术研发费"。账务处理具体的确认与计量方法如下。

（1）假设企业将数据资源收入确认为"主营业务收入"：

借：银行存款

　　贷：主营业务收入

（2）同时确认企业数据资源成本：

借：主营业务成本

　　管理费用——技术研发费

　　贷：劳务成本——B 数据资源（待开发数据资源）

　　　　　　——B 数据资源（职工薪酬）

　　　　　　——B 数据资源（累计折旧）

　　　　　　——B 数据资源（累计摊销）

当然，尽管 B 数据资源尚未研发成功，买卖双方博弈的成交价格也可能高于当前价格，甚至高于前期投入的成本费用。这种情形下，账务处理方法不变，仅是确认收入的高低不同。此时，"主营业务成本"的计量金额为取得主营业务收入的金额，劳务成本的记账金额为账面余额。

非以数据资源产品开发为主的一般企业，可以参考"会计利润收支平衡"的账务处理方法。诚然，这类企业数据资源的研发通常是为了企业生产经营的需要，本身就不以数据资源产品销售为目的，该类业务一般不会出现或较少遇到。

第四节　无形资产类企业数据资源收入和成本的确认与计量

无形资产类企业数据资源收入的取得一般分为两种类型：一是以直接销售的形式取得收入；二是以对外提供服务的形式取得收入。

《暂行规定》明确要求，企业在持有确认为无形资产的数据资源期间，利用数据资源对客户提供服务的，应当按照《无形资产准则》《无形资产准则应用指南》等规定，将无形资产的摊销金额计入当期损益或相关资产成本；同时，企业应当按照《收入准则》等规定确认相关收入。

除上述情形外，企业利用数据资源对客户提供服务的，应当按照《收入准则》等规定确认相关收入，符合有关条件的应当确认合同履约成本。

一、无形资产类企业数据资源的使用寿命

（一）合同寿命和法律寿命

企业持有的无形资产来源于合同性权利或其他法定权利，且合同或法律规定了明确的使用年限。

（1）来源于合同性权利或其他法定权利的无形资产，其使用寿命不应超过合同性权利或其他法定权利的期限；合同性权利或其他法定权利在到期时因续约等延续，且有证据表明企业续约不需要付出大额成本的，续约期应当计入使用寿命。

（2）合同或法律没有规定使用寿命的，企业应当综合各方面因素判断，以确定无形资产能为企业带来经济利益的期限。例如，与同行业情况比较、参考历史数据，或者聘请专家、专业机构进行论证等。

（二）企业确定数据资源使用寿命应当考虑的因素

企业确定数据资源使用寿命，应当考虑以下因素：

（1）运用该数据资源提供服务通常的寿命周期，可获得的类似资产使用寿命信息；

（2）对持有的企业数据资源现阶段情况及未来发展趋势的估计；

（3）以该数据资源提供服务的市场需求情况；

（4）现有或潜在竞争者；

（5）对该数据资源控制期限的法律规定或类似限制；

（6）该数据资源与企业持有的其他资产使用寿命的关联性等。

（三）无形资产类企业数据资源的摊销方法

1. 直线法

直线法又称平均年限法，是将无形资产的应摊销金额平均分配于每个会计期间的一种摊销方法。其计算公式如下：

无形资产年（月）摊销额＝无形资产取得价值÷使用年限（使用月数）

直线法摊销的优点是计算简便，易于掌握；缺点是就客观性原则和配比原则的要求而言，不够理想。直线法摊销适用于稳定性强的无形资产。

2. 收益百分比法

收益百分比法，是以无形资产在整个使用期间所产出的经济效益为基础来计算应摊销额的一种摊销方法。其计算公式如下：

无形资产月摊销额＝无形资产取得价值 × 本月产出的经济效益 ÷ 整个使用期间产出的经济效益

如果无形资产在整个使用期间所产出的经济效益可以有效地确定，则适合使用这种摊销方法。

3. 加速摊销法

加速摊销法是相对于直线法而言的，是无形资产在使用的前期多计摊销，后期少计摊销，摊销额逐年递减的一种摊销方法。采用加速摊销法，目的是使无形资产成本在估计使用年限内加快得到补偿。

企业可以自行选择无形资产类企业数据资源的摊销方法，但一经确定不得随意变更。由于加速摊销法涉及会计利润与所得税的差异，需要进行应纳所得税额时间差异的调整，因此实务中使用得较少。直线法和收益百分比法目前已得到税法的认可，实务中也便于操作。

二、直接销售形式的收入和成本的确认与计量

【知识点 19】

企业以持有待售为目的外购的数据资源（用于行业数据资源收集分析使用），经测试当月达到预计可使用状态，并符合无形资产确认条件的，按照直线法摊销（假设数据

资源资产预计可使用 5 年，无残值）的账务处理如下。

（1）企业以银行存款支付采购款时：

借：无形资产——数据资源
　　贷：银行存款

（2）企业出售外购的数据资源并确认销售收入时：

借：银行存款
　　贷：主营业务收入

（3）企业结转数据资源销售成本时：

借：主营业务成本
　　贷：无形资产——数据资源

其中，"无形资产——数据资源"的入账价值在考虑增值税的前提下为支付的买价，买价与增值税进项税额的合计即为银行存款支付的款项。"主营业务收入"为考虑增值税情况下的卖价。

【知识点 20】

承接【知识点 19】，如果企业于 2024 年 1 月外购数据资源，目的为持有自用，同年 7 月将数据资源持有目的改为出售，并将出售取得的价款存入银行，则账务处理具体的确认与计量方法如下。

（1）2024 年 1 月，企业以银行存款支付采购款时：

借：无形资产——数据资源
　　贷：银行存款

（2）2024 年 1 月，企业进行无形资产摊销时：

借：主营业务成本
　　贷：累计摊销——数据资源

此时"累计摊销——数据资源"的入账计量金额为按照直线法计算的月摊销额。2024 年 1 月以后的摊销分录同上，直至 2024 年 7 月企业将数据资源的持有目的改为出售。

（3）2024 年 7 月，企业出售外购的数据资源并确认收入时：

借：银行存款

　　贷：主营业务收入

（4）2024 年 7 月，企业结转数据资源销售成本时：

借：主营业务成本

　　累计摊销——数据资源

　　贷：无形资产——数据资源

"主营业务成本"的金额为企业出售数据资源时"无形资产——数据资源"账面余额减去"累计摊销——数据资源"账面余额的差额。

三、对外提供服务形式的收入和成本的确认与计量

【知识点 21】

企业以持有自用为目的外购的数据资源（用于行业数

据资源收集分析使用），经测试当月达到预计可使用状态，并以其为基础取得对外服务款项，同时符合无形资产确认条件的，按照直线法摊销（假设数据资源资产预计可使用5年，无残值）的账务处理如下。

（1）企业以银行存款支付采购款时：

借：无形资产——数据资源

　　贷：银行存款

（2）企业取得对外服务款项，确认收入时：

借：银行存款

　　贷：主营业务收入

（3）购入数据资源的当月进行无形资产摊销时：

借：主营业务成本

　　贷：累计摊销——数据资源

此时"累计摊销——数据资源"的入账计量金额为

按照直线法计算的月摊销额。摊销分录每月相同，直至企业将数据资源的持有目的改为出售或数据资源被处置。

在实现上述对外服务收入的过程中，本部分内容可能还涉及人工工资等其他方面的成本费用，这时按相关成本费用的规定进行账务处理。

【知识点 22】

承接【知识点 21】，假设企业外购的数据资源在整个使用期间所产生的经济效益可以有效地确定，则企业可以采用收益百分比法对外购的数据资源进行摊销（无残值），账务处理具体的确认与计量方法如下。

（1）企业以银行存款支付采购款时：

借：无形资产——数据资源
　　贷：银行存款

（2）企业外购数据资源的当月取得对外服务款项，确

认收入时:

借: 银行存款

　　贷: 主营业务收入

(3) 企业进行无形资产摊销时:

借: 主营业务成本

　　贷: 累计摊销——数据资源

此时"累计摊销——数据资源"的入账计量金额为按照收益百分比法计算的月摊销额。

注意: 【知识点 21】和【知识点 22】的区别是无形资产摊销的方法不同。在【知识点 21】中, 无论企业当月是否取得收入, 当月无形资产的摊销额都不变;【知识点 22】中无形资产摊销的会计处理, 只存在于企业取得收入的当月。根据规定, 企业一旦选用了某种无形资产摊销方法, 就不得随意变更。

第五节　企业数据资源减值测试和处置的确认与计量

企业应按照企业会计准则的有关规定在资产负债表日判断自身持有的数据资源资产是否存在减值的迹象，并进行相应的账务处理。若数据资源资产不能再为企业带来经济利益或改变持有目的，企业应进行数据资源处置。

一、无形资产类数据资源的减值测试与处置

《暂行规定》明确要求，企业应当按照《无形资产准则》《无形资产准则应用指南》等规定，对确认为无形资产的数据资源进行初始计量、后续计量、处置和报废等相关会计处理。

（一）无形资产类数据资源的减值测试

【知识点 23】

截至当年末（如 2024 年 12 月 31 日），企业应对账面"无形资产——数据资源"进行减值测试。企业预计其未来可回收金额可能会降低的，将以财务报告为目的进行评估的评估值作为公允价值的估计依据，若发生减值，则基于稳健性考虑，企业可计提无形资产减值准备。以 E 数据资源为例，账务处理具体的确认与计量方法如下：

借：资产减值损失

　　贷：无形资产——减值准备（E 数据资源）

截至 2024 年 12 月 31 日，数据资源资产的账面价值 ="无形资产——E 数据资源" - "无形资产——减值准备（E 数据资源）" - "累计摊销——E 数据资源"。

数据资源资产与可回收金额的差额 = 截至 2024 年 12 月 31 日数据资源资产账面价值 - 预计其未来可回收金额。这个差额即为"无形资产——减值准备（E 数据资源）"的计量确认金额。

资产减值损失确认后，减值资产折旧或者摊销的费用应当在未来期间做出相应调整，以使该资产在剩余使用寿命内系统地分摊调整后的资产账面价值。资产减值损失一经确认，在以后会计期间不得转回。

（二）无形资产类数据资源的处置与报废

按照《无形资产准则》《无形资产准则应用指南》的规定，企业出售无形资产，应当将取得的价款与该无形资产账面价值的差额计入当期损益。无形资产预期不能为企业带来经济利益的，企业应当将该无形资产的账面价值予以转销。

【知识点 24】

承接【知识点 23】，若企业在 2025 年 1 月将相关数据资源出售，取得收入并存入银行，在不考虑销售企业数据资源产品所涉及的增值税的情况下，账务处理具体的确认与计量方法如下。

（1）2025 年 1 月，企业取得出售款项，确认收入时：

借：银行存款

　　贷：主营业务收入

（2）2025 年 1 月，企业结转出售成本时：

借：主营业务成本

　　　累计摊销——E 数据资源

　　　无形资产——减值准备（E 数据资源）

　　贷：无形资产——E 数据资源

【知识点 25】

承接【知识点 23】，截至 2025 年 12 月 31 日，企业账面"无形资产——E 数据资源"进行减值测试。企业预计其未来可回收金额可能会降低，将以财务报告为目的进行评估的评估值作为公允价值的估计依据，若该项数据资源已无使用价值，企业决定将其报废，则账务处理具体的确认与计量方法如下：

借：营业外支出——处置非流动资产损失

累计摊销——E 数据资源

无形资产——减值准备（E 数据资源）

贷：无形资产——E 数据资源

截至 2025 年 12 月 31 日，数据资源资产处置损失＝"无形资产——E 数据资源"－"无形资产——减值准备（E 数据资源）"－"累计摊销——E 数据资源"。这个金额即为"营业外支出——处置非流动资产损失"的计量金额。

注意：【知识点 24】和【知识点 25】在形式上都是无形资产处置，实质上的区别在于，经营范围以数据资源产品开发为主的企业，将持有自用和持有待售的企业数据资源改变持有目的，可能较一般企业更为频繁，甚至是一种常态。因此，数据资源处置的会计处理方式也就不同。

二、存货类数据资源的减值测试与处置

《暂行规定》明确要求，企业应当按照《存货准则》

《存货准则应用指南》等规定，对确认为存货的数据资源进行初始计量、后续计量等相关会计处理。

（一）存货类数据资源的减值测试

按照《存货准则》《存货准则应用指南》的规定，在资产负债表日，企业存货应当按照成本与可变现净值孰低计量。以前减计存货价值的影响因素已经消失的，减计的金额应当予以恢复，并在原已计提的存货跌价准备金额内转回，转回的金额计入当期损益。

【知识点 26】

截至年末（如 2024 年 12 月 31 日），企业预计数据资源产品（如 G 数据资源）的账面价值可能会降低，其市场销售价格扣除销售数据资源产品时产生的相关销售费用，应计提存货跌价准备。

G 数据资源的可变现净值 =G 数据资源的市场销售价格 – 销售 G 数据资源时产生的相关销售费用 – "存货跌价准备——G 数据资源"的贷方余额（若为借方余额则 "+"）

G 数据资源与可变现净值的差额 = G 数据资源可变现净值 – "存货跌价准备——G 数据资源"的贷方余额（若为借方余额则"+"）

（1）G 数据资源与可变现净值的差额为正数时：

借：资产减值损失

　　贷：存货跌价准备——G 数据资源

　　（以上会计分录使用正数）

（2）G 数据资源与可变现净值的差额为负数时：

借：资产减值损失

　　贷：存货跌价准备——G 数据资源

　　（以上会计分录使用负数）

（二）存货类数据资源资产的处置与毁损

按照《存货准则》《存货准则应用指南》的规定，企业发生的存货毁损，应当将处置收入扣除账面价值和相关税费后的金额计入当期损益。存货的账面价值是存货成本扣减累计跌价准备后的金额。

【知识点 27】

承接【知识点 26】，若企业在 2025 年 8 月将不再具有价值的 G 数据资源进行处置，在不考虑销售企业数据资源产品所涉及的增值税的情况下，其相关账务处理如下：

借：营业外支出

　　　存货跌价准备——G 数据资源

　　贷：数据资源产品——G 数据资源

03

第三章
企业数据资源会计处理示例

企业数据资源会计处理的主要内容为企业数据资源的取得、持有期间的收入确认和对应成本的结转或摊销，减值测试，报废及其处置。为帮助大家快速理解与掌握企业数据资源的确认与计量方法，本章将进一步以示例的形式做出分析说明。

第一节　无形资产类企业数据资源取得的
会计处理

一、外购取得

企业通过外购方式取得确认为无形资产的数据资源，其成本包括购买价款和相关税费；为使该项无形资产达到预定用途，在数据采集、脱敏、清洗、标注、整合、分析、可视化等加工过程中所发生的直接支出；数据权属鉴证、质量评估、登记结算、安全管理等费用。

企业通过外购方式取得数据采集、脱敏、清洗、标注、整合、分析、可视化等服务所发生的有关支出，不符合《无形资产准则》规定的无形资产定义和确认条件的，企业应当根据用途将其计入当期损益。

【例 3-1】2024 年 1 月，甲公司用银行存款 60 000 元外购数据资源。其中，购买价款 50 000 元，数据脱敏、清洗、标注、整合等直接归属于该项无形资产的支出为 10 000 元。该项数据资源外购取得直接或简单处理后能够以研究报告等现实产品形式对外提供给数据资源使用者，或者能够使数据资源在虚拟空间里供数据资源使用者随时使用。具体账务处理如下：

借：无形资产——数据资源　　　　　　　　60 000

　　贷：银行存款　　　　　　　　　　　　60 000

【例 3-2】承接【例 3-1】，若甲公司外购的数据资源在取得时直接或简单处理后不能以研究报告等现实产品形式对外提供给数据资源使用者，或者不能使数据资源在虚拟空间里供数据资源使用者随时使用，不符合《无形资产准则》规定的无形资产定义和确认条件，则甲公司应当根据用途将外购数据资源的费用计入当期损益。具体账务处理如下：

借：管理费用——技术研发费　　　　　　　60 000

　　贷：银行存款　　　　　　　　　　　　60 000

【例 3-3】承接【例 3-1】，若甲公司外购的数据资源在取得时直接或简单处理后不能以研究报告等现实产品形式对外提供给数据资源使用者，或者不能使数据资源在虚拟空间里供数据资源使用者随时使用，不符合《无形资产准则》规定的无形资产定义和确认条件，但是经专业技术鉴定或技术人员判断，经过进一步研发能够满足无形资产定义和确认条件的，企业应做如下账务处理：

借：研发支出——开发阶段支出（数据资源）60 000

　　贷：银行存款　　　　　　　　　　　　　　60 000

本例进入研发阶段之后的账务处理，参照自行研究开发企业数据资源的账务处理规定执行。

二、自行研发取得

企业通过研究开发取得确认为无形资产的数据资源，其成本包括研发人员的人工费、直接投入、委托外部研发投入，数据采集、脱敏、清洗、标注、整合、分析、可视化等加工成本，以及使无形资产达到目前场所和状态所发生的其他支出。

企业内部数据资源研究开发项目的支出，应当区分研究阶段支出与开发阶段支出。研究阶段的支出，应当于发生时计入当期损益。开发阶段的支出，满足资本化条件的，才能确认为无形资产；不满足资本化条件的，应转入当期损益。

【例 3-4】2024 年 2 月，乙公司董事会批准研发数据资源产品，该项目研发支出共发生数据采集、脱敏费 30 000 元，人工费用 20 000 元，均属于研究阶段支出，费用支出均以银行存款支付。具体账务处理如下。

（1）乙公司直接以银行存款支付研究阶段支出时：

借：研发支出——研究阶段支出（数据资源）30 000
　　贷：银行存款　　　　　　　　　　　　　　30 000

（2）应付职工薪酬分配或计提，以及其他间接发生的研究阶段支出：

借：研发支出——研究阶段支出（数据资源）20 000

　　贷：应付职工薪酬　　　　　　　　　　20 000

【例3–5】承接【例3–4】，若经过长时间研究，乙公司不断归集"研发支出——研究阶段支出（数据资源）"，但最终经判定不符合《无形资产准则》规定的无形资产定义和确认条件，则"研发支出——研究阶段支出（数据资源）"须转入当期损益。具体账务处理如下：

借：管理费用——技术研发费　　　　　　50 000

　　贷：研发支出——研究阶段支出（数据资源）50 000

【例3–6】承接【例3–4】，若乙公司归集的"研发支出——研究阶段支出（数据资源）"最终经判定符合《无形资产准则》规定的无形资产定义和确认条件，则"研发支出——研究阶段支出（数据资源）"应转入"研发支出——开发阶段支出（数据资源）"。具体账务处理如下：

借：研发支出——开发阶段支出（数据资源）50 000

　　贷：研发支出——研究阶段支出（数据资源）50 000

【例3-7】承接【例3-5】，2024年年末，乙公司数据资源产品项目研究阶段结束（不符合无形资产定义和确认条件），但后期认为该项目在经济上具有重新开发的需求或价值。2025年，该项目发生数据整合、分析支出50 000元，人工支出80 000元，相关设备折旧费用20 000元，各类仪器、设备摊销费用30 000元，当年度的支出均符合无形资产资本化条件，费用支出均以银行存款支付。2025年12月，乙公司研发的数据资源产品达到预定用途。具体账务处理如下。

（1）乙公司直接以银行存款支付开发阶段支出时：

借：研发支出——开发阶段支出（数据资源）50 000

　　贷：银行存款　　　　　　　　　　　50 000

（2）应付职工薪酬分配或计提，以及其他间接发生的开发阶段支出：

借：研发支出——开发阶段支出（数据资源）

　　　　　　　　　　　　　　　　　　130 000

贷：应付职工薪酬　　　　　　　　　　80 000

　　　　累计折旧　　　　　　　　　　　　20 000

　　　　累计摊销　　　　　　　　　　　　30 000

　　（3）数据资源产品符合《无形资产准则》规定的无形资产定义和确认条件，"研发支出——开发阶段支出（数据资源）"应转入"无形资产——数据资源"：

　　借：无形资产——数据资源　　　　　　180 000

　　　　贷：研发支出——开发阶段支出（数据资源）

　　　　　　　　　　　　　　　　　　　　180 000

　　【例3–8】承接【例3–6】，2024年年末，乙公司数据资源产品项目研究阶段结束（符合无形资产定义和确认条件）进入开发阶段，该项目在技术上已具有可行性。2025年，该项目发生数据整合、分析支出50 000元，人工支出80 000元，相关设备折旧费用20 000元，各类仪器、设备摊销费用30 000元，当年度的支出均符合无形资产资本化条件，费用支出均以银行存款支付。2025年12月，乙公司研发的数据资源产品达到预定用途。具体账务处理如下。

（1）乙公司直接以银行存款支付开发阶段支出时：

借：研发支出——开发阶段支出（数据资源）50 000

　　贷：银行存款　　　　　　　　　　　　50 000

（2）应付职工薪酬分配或计提，以及其他间接发生的开发阶段支出：

借：研发支出——开发阶段支出（数据资源）

　　　　　　　　　　　　　　　　　　130 000

　　贷：应付职工薪酬　　　　　　　　　80 000

　　　　累计折旧　　　　　　　　　　　20 000

　　　　累计摊销　　　　　　　　　　　30 000

（3）数据资源产品符合《无形资产准则》规定的无形资产定义和确认条件，应将"研发支出——开发阶段支出（数据资源）"转入"无形资产——数据资源"。

借：无形资产——数据资源　　　　　　230 000

　　贷：研发支出——开发阶段支出（数据资源）

　　　　　　　　　　　　　　　　　　230 000

【例 3-9】某企业甲数据资源研发过程中，需要领用（使用）企业数据资源存货中的数据资源产品 A 和 B，价值均为 100 000 元。具体账务处理如下：

借：研发支出——开发阶段支出（甲数据资源）

　　　　　　　　　　　　　　　　　200 000

　　贷：数据资源产品——A 数据资源　　100 000

　　　　　　　　　——B 数据资源　　100 000

本例待甲数据资源研发成功，若符合《无形资产准则》规定的无形资产定义和确认条件，则"研发支出——开发阶段支出（甲数据资源）"应转入"无形资产——甲数据资源"。

第二节　存货类企业数据资源取得的会计处理

一、自行研发取得

企业通过数据加工取得确认为存货的数据资源，其成本包括采购成本，数据采集、脱敏、清洗、标注、整合、分析、可视化等加工成本，以及使存货达到目前场所和状态所发生的其他支出。

【例 3-10】2024 年 10 月，丁公司董事会批准自行加工数据资源产品 B，该产品加工阶段共发生数据采集、脱敏费 30 000 元，人工费用 20 000 元，相关设备折旧费用 20 000 元，各类仪器、设备摊销费用 30 000 元。2024 年度支出均符合存货条件，费用支出均以银行存款支付。2024 年 12 月，该数据资源产品达到预定用途。具体账务处理如下。

（1）丁公司直接以银行存款支付 B 数据资源加工费用时：

借：劳务成本——B 数据资源（待开发数据资源）

30 000

贷：银行存款　　　　　　　　　　　　 30 000

（2）应付职工薪酬分配或计提，以及其他间接发生的 B 数据资源加工支出：

借：劳务成本——B 数据资源（职工薪酬）　20 000

　　　　　　——B 数据资源（累计折旧）　20 000

　　　　　　——B 数据资源（累计摊销）　30 000

贷：应付职工薪酬　　　　　　　　　　　 20 000

累计折旧　　　　　　　　　　　 20 000

累计摊销　　　　　　　　　　　 30 000

（3）B 数据资源符合《存货准则》规定的存货定义和确认条件，相关劳务成本应转入"数据资源产品——B 数据资源"。

借：数据资源产品——B 数据资源　　　　　　100 000

　　贷：劳务成本——B 数据资源（待开发数据资源）

　　　　　　　　　　　　　　　　　　　　30 000

　　　　——B 数据资源（职工薪酬）　20 000

　　　　——B 数据资源（累计折旧）　20 000

　　　　——B 数据资源（累计摊销）　30 000

【例 3–11】承接【例 3–10】，若上述研发最终没有形成数据资源产品 B，研发归集的劳务成本应结转至当期损益。

借：管理费用——技术研发费　　　　　　　100 000

　　贷：劳务成本——B 数据资源（待开发数据资源）

　　　　　　　　　　　　　　　　　　　　30 000

　　　　——B 数据资源（职工薪酬）　20 000

　　　　——B 数据资源（累计折旧）　20 000

　　　　——B 数据资源（累计摊销）　30 000

二、外购取得

企业通过外购方式取得确认为存货的数据资源，入账价值包括采购成本（购买价款、相关税费、保险费），以及企业进行数据权属鉴证、质量评估、登记结算、安全管理等所发生的其他可归属于存货采购成本的费用。

【例 3–12】2024 年 3 月，丙公司外购 A 数据资源，用银行存款支付 100 000 元。其中，购买价款及相关税费为 80 000 元，数据权属鉴证、质量评估等直接归属于该项存货的支出为 20 000 元。该数据资源直接或简单处理后能够以研究报告等现实产品形式对外提供给数据资源使用者，或者能够在虚拟空间里供数据资源使用者随时使用。具体账务处理如下：

借：数据资源产品——A 数据资源　　　　100 000

贷：银行存款　　　　　　　　　　　　　　100 000

【例 3–13】承接【例 3–12】，若 A 数据资源直接或简单处理后不能以研究报告等现实产品形式对外提供给数据资源使用者；或者不能在虚拟空间里供数据资源使用者随时使用，不符合《存货准则》规定的存货定义和确认条件，则丙公司应当根据用途将其外购费用计入当期损益。具体账务处理如下：

借：管理费用——技术研发费　　　　　　　100 000

　　贷：银行存款　　　　　　　　　　　　　　100 000

【例3-14】承接【例3-12】，若A数据资源直接或简单处理后不能以研究报告等现实产品形式对外提供给数据资源使用者；或者不能在虚拟空间里供数据资源使用者随时使用，不符合《存货准则》规定的存货定义和确认条件，但是经专业技术鉴定或技术人员判断，通过直接嫁接企业自有数据资源产品B，即可满足存货定义和确认条件的，账务处理可以采用以下两种方式。

（假定数据资源产品B的账面余额为100 000元。）

（1）将外购数据资源产品A理解为数据资源产品"大A或次A"，在外购直接入账模式下：

借：数据资源产品——A 数据资源　　　　200 000

　　贷：银行存款　　　　　　　　　　　100 000

　　　　数据资源产品——B 数据资源　　　100 000

（2）将外购数据资源产品 A 理解为数据资源产品"大 A 或次 A"，但此时其已经不是外购的原数据资源产品 A，假定"一加一"之后的数据资源产品名称为甲，在外购间接入账模式下，账务处理顺序如下。

①数据资源产品 A 先行入账：

借：数据资源产品——A 数据资源　　　　100 000

　　贷：银行存款　　　　　　　　　　　100 000

②数据资源产品甲再行入账：

借：数据资源产品——甲数据资源　　　　200 000

　　贷：数据资源产品——A 数据资源　　　100 000

　　　　　　　　　——B 数据资源　　　100 000

抑或将上述两笔会计分录合并处理（该处理方式忽略

了企业外购数据资源产品 A 的账面记录，实务中不建议如
此操作）：

借：数据资源产品——甲数据资源　　　　200 000

　　贷：银行存款　　　　　　　　　　　　100 000

　　　　数据资源产品——B 数据资源　　　100 000

【例 3-15】承接【例 3-12】，A 数据资源直接或简单处
理后不能以研究报告等现实产品形式对外提供给数据资源
使用者，或者不能在虚拟空间里供数据资源使用者随时使
用，不符合《存货准则》规定的存货定义和确认条件，但
是经专业技术鉴定或技术人员判断，通过直接嫁接企业处
于自行研发过程中的数据资源产品 B，即可满足存货定义
和确认条件。此时，若数据资源产品 B 尚未研发成功，其
研发过程中的价值在"劳务成本——B 数据资源"中，假
定"劳务成本——B 数据资源"的账面余额为 100 000 元，
B 数据资源的三级专栏明细分别为待开发数据资源 30 000
元、职工薪酬 20 000 元、累计折旧 20 000 元、累计摊销
30 000 元，则具体账务处理如下。

（1）将外购数据资源产品 A 理解为数据资源产品"大 A 或次 A"，在外购直接入账模式下：

借：数据资源产品——A 数据资源　　　　　200 000

　贷：银行存款　　　　　　　　　　　　　100 000

　　劳务成本——B 数据资源（待开发数据资源）

　　　　　　　　　　　　　　　　　　　　 30 000

　　　　——B 数据资源（职工薪酬）　20 000

　　　　——B 数据资源（累计折旧）　20 000

　　　　——B 数据资源（累计摊销）　30 000

（2）将外购数据资源产品 A 理解为数据资源产品"大 A 或次 A"，但此时其已经不是外购的原数据资源产品 A，假定"一加一"之后的数据资源产品名称为甲，在外购间接入账模式下，账务处理顺序如下。

①数据资源产品 A 先行入账：

借：数据资源产品——A 数据资源　　　　　100 000

　贷：银行存款　　　　　　　　　　　　　100 000

②数据资源产品甲再行入账：

借：数据资源产品——甲数据资源　　　　200 000

　　贷：数据资源产品——A 数据资源　　　100 000

　　　　劳务成本——B 数据资源（待开发数据资源）

　　　　　　　　　　　　　　　　　　　30 000

　　　　　　——B 数据资源（职工薪酬）　20 000

　　　　　　——B 数据资源（累计折旧）　20 000

　　　　　　——B 数据资源（累计摊销）　30 000

第三节 存货类企业数据资源收入确认
与成本结转

【例 3–16】承接【例 3–10】，丁公司将自行研发成功的数据资源产品 B 出售，取得收入 150 000 元。本例不考虑公司销售数据资源产品涉及的增值税。

（1）假设丁公司将数据资源收入确认为"主营业务收入"：

借：银行存款　　　　　　　　　　　　150 000

　　贷：主营业务收入　　　　　　　　　　　150 000

（2）同时确认数据资源成本：

借：主营业务成本　　　　　　　　　　100 000

　　贷：数据资源产品——B 数据资源　　　　100 000

（3）假设丁公司将数据资源收入确认为"其他业务收入"：

借：银行存款   150 000

　　贷：其他业务收入   150 000

（4）同时确认数据资源成本：

借：其他业务支出   100 000

　　贷：数据资源产品——B 数据资源   100 000

【例 3–17】承接【例 3–10】，丁公司将自行研发成功的数据资源产品 B 出售，取得收入 150 000 元。本例考虑公司销售数据资源产品涉及的增值税。

（关于企业数据资源产品适用的增值税税率，目前政策尚未明确。依据数据资源产品"无形"和以"服务"为价值体现形式的特点，本例以 6% 的增值税税率进行账务处理模拟。）

（1）假设丁公司将数据资源收入确认为"主营业务

收入"：

借：银行存款　　　　　　　　　　150 000.00

　　贷：主营业务收入　　　　　　　141 509.43

　　　　应交税费——应交增值税（销项税额）8 490.57

（2）同时确认数据资源成本：

借：主营业务成本　　　　　　　　　100 000

　　贷：数据资源产品——B 数据资源　　100 000

（3）假设丁公司将数据资源收入确认为"其他业务收入"：

借：银行存款　　　　　　　　　　150 000.00

　　贷：其他业务收入　　　　　　　141 509.43

　　　　应交税费——应交增值税（销项税额）8 490.57

（4）同时确认数据资源成本：

借：其他业务支出　　　　　　　　　100 000

　　贷：数据资源产品——B 数据资源　　100 000

【例 3–18】承接【例 3–10】，假定丁公司将自行研发尚未成功的数据资源产品 B 出售，取得收入 90 000 元。如【例 3–10】所示，丁公司已经为研发数据资源产品 B 投入了 100 000 元。这时成交价低于研发投入，若丁公司以数据资源产品开发为主营业务，则一般账务处理过程中，应由出售数据资源产品 B 取得的收入 90 000 元承担全部对应的研发成本费用。

（1）假设丁公司将数据资源收入确认为"主营业务收入"：

借：银行存款   90 000

    贷：主营业务收入   90 000

（2）同时确认企业数据资源成本：

借：主营业务成本   100 000

    贷：劳务成本——B 数据资源（待开发数据资源）

    30 000

    ——B 数据资源（职工薪酬） 20 000

——B 数据资源（累计折旧） 20 000

——B 数据资源（累计摊销） 30 000

当然，尽管数据资源产品 B 尚未研发成功，买卖双方博弈后的成交价格也可能高于前期投入的成本费用 100 000 元。这种情形下，账务处理方法不变，仅是确认收入的高低不同。

上述是以数据资源产品开发为主的企业的一般账务处理，在企业成长初期或具有"科研院所性质"的企业，也可以将前期投入的成本费用高于成交价的部分视作"管理费用——技术研发费"。具体账务处理如下。

（1）假设企业将数据资源收入确认为"主营业务收入"：

借：银行存款 90 000

　贷：主营业务收入 90 000

（2）同时确认数据资源成本：

借：主营业务成本 90 000

管理费用——技术研发费　　　　　　　10 000

贷：劳务成本——B数据资源（待开发数据资源）

　　　　　　　　　　　　　　　　　30 000

　　　——B数据资源（职工薪酬）　20 000

　　　——B数据资源（累计折旧）　20 000

　　　——B数据资源（累计摊销）　30 000

第四节　无形资产类企业数据资源收入确认与成本结转

一、直接销售形式的收入

【例 3–19】2024 年 1 月，甲公司支付银行存款 100 000 元外购 A 数据资源，用于行业数据资源收集分析使用；经测试，A 数据资源当月达到预计可使用状态，并符合无形资产确认条件。经专家、专业机构预测，该数据资源资产预计可使用 5 年，按照直线法摊销，无残值。

甲公司外购 A 数据资源的目的为持有待售。2024 年 3 月，该公司将持有的 A 数据资源出售，取得收入 120 000 元并存入银行。具体账务处理如下。

（1）2024 年 1 月，甲公司以银行存款支付采购款时：

借：无形资产——A 数据资源　　　　　100 000

　　贷：银行存款　　　　　　　　　　　　100 000

（2）2024 年 3 月，甲公司确认 A 数据资源销售收入时：

借：银行存款　　　　　　　　　　　120 000

　　贷：主营业务收入　　　　　　　　　120 000

（3）2024 年 3 月，结转 A 数据资源销售成本时：

借：主营业务成本　　　　　　　　　100 000

　　贷：无形资产——A 数据资源　　　　100 000

【例 3-20】2024 年 1 月，甲公司支付银行存款 120 000 元外购 B 数据资源，用于行业数据资源收集分析使用；经测试，B 数据资源当月达到预计可使用状态，并符合无形资产确认条件。经专家、专业机构预测，该数据资源资产预计可使用 5 年，按照直线法摊销，无残值。

甲公司外购 B 数据资源的目的为持有自用。2024 年 7

月，该公司将 B 数据资源持有目的改为出售，并于出售后

取得银行存款 120 000 元。具体账务处理如下。

（1）2024 年 1 月，甲公司以银行存款支付采购款时：

借：无形资产——B 数据资源　　　　　120 000

　贷：银行存款　　　　　　　　　　　120 000

（2）2024 年 1 月，甲公司进行无形资产摊销时：

本月摊销额 =120 000÷5÷12=2 000（元）

借：主营业务成本　　　　　　　　　　2 000

　贷：累计摊销——B 数据资源　　　　　2 000

2024 年 1 月以后的摊销分录同上，直至 2024 年 7 月

甲公司将 B 数据资源持有目的改为出售。

（3）2024 年 7 月，甲公司出售 B 数据资源，确认收

入时：

借：银行存款　　　　　　　　　　　120 000

　　贷：主营业务收入　　　　　　　　　120 000

（4）2024 年 7 月，结转 B 数据资源销售成本时：

借：主营业务成本　　　　　　　　　　108 000

　　累计摊销——B 数据资源　　　　　　 12 000

　　贷：无形资产——B 数据资源　　　　 120 000

B 数据资源出售时的账面价值 =120 000–2 000×6

=108 000（元）

（"无形资产——B 数据资源"的账面余额为 120 000 元，"累计摊销——B 数据资源"的账面余额为 12 000 元。）

二、对外提供服务形式的收入

【例 3–21】2024 年 1 月，甲公司支付银行存款 120 000 元外购 B 数据资源，用于行业数据资源收集分析使用；经测试，B 数据资源当月达到预计可使用状态，并符合无形资产确认条件。经专家、专业机构预测，该数据资源资产预计可使用 5 年，按照直线法摊销，无残值。

甲公司外购 B 数据资源的目的为持有自用，购入当月以 B 数据资源为基础取得对外服务收入 5 000 元并存入银行。具体账务处理如下。

（1）2024 年 1 月，甲公司以银行存款支付采购款时：

借：无形资产——B 数据资源　　　　　　120 000

　　贷：银行存款　　　　　　　　　　　120 000

（2）2024 年 1 月，甲公司取得对外服务款项，确认收入时：

借：银行存款　　　　　　　　　　　　　5 000

　　贷：主营业务收入　　　　　　　　　　5 000

（3）2024 年 1 月，甲公司进行无形资产摊销时：

本月摊销额 =120 000÷5÷12=2 000（元）

借：主营业务成本　　　　　　　　　　　2 000

　　贷：累计摊销——B 数据资源　　　　　2 000

2024 年 1 月以后的摊销分录同上，直至甲公司将 B 数据资源持有目的改为出售或 B 数据资源被处置。

本例在实现上述对外服务收入的过程中，可能还涉及人工工资等其他方面的成本费用，其账务处理按照相关成本费用的账务处理规定执行。

【例 3–22】2024 年 1 月，甲公司支付银行存款 120 000 元外购 D 数据资源，用于行业数据资源收集分析使用；经测试，D 数据资源当月达到预计可使用状态，并符合无形资产确认条件。该公司外购 D 数据资源的目的为持有自用。经专家、专业机构预测，该数据资源资产在其经济寿命期内累计可获得 480 000 元收入。甲公司采用收益百分比法对其进行摊销，无残值。

甲公司购入 D 数据资源当月以其为基础取得对外服务收入 10 000 元并存入银行。具体账务处理如下。

（1）2024 年 1 月，甲公司以银行存款支付采购款时：

借：无形资产——D 数据资源　　　　　　120 000

　　贷：银行存款　　　　　　　　　　　　120 000

（2）2024 年 1 月，甲公司取得对外服务款项，确认收入时：

借：银行存款　　　　　　　　　　　　　10 000

　　贷：主营业务收入　　　　　　　　　　10 000

（3）2024 年 1 月，甲公司进行无形资产摊销时：

本月摊销额 =120 000×10 000÷480 000=2 500（元）

借：主营业务成本　　　　　　　　　　　2 500

　　贷：累计摊销——D 数据资源　　　　　2 500

注意：【例 3–21】和【例 3–22】的区别是无形资产摊销的方法不同。【例 3–21】中，无论甲公司当月是否取得收入，当月的无形资产摊销额都不变，均为 2 000 元；

【例 3–22】中无形资产摊销的账务处理，只存在于甲公司以 D 数据资源为基础取得对外服务收入的当月。正如第二章所讲，企业一旦选用了某种无形资产摊销方法，就不得随意变更。

第五节 企业数据资源减值测试与处置

一、无形资产类数据资源

（一）无形资产类数据资源的减值测试

【例 3-23】截至 2024 年 12 月 31 日，乙公司账面"无形资产——E 数据资源"的期末借方余额为 286 000 元，累计摊销期末贷方余额为 57 200 元。由于市场变化，乙公司预计 E 数据资源未来的可回收金额会降低，以财务报告为目的进行评估的评估值为 200 000 元。基于稳健性考虑，乙公司决定计提无形资产减值准备。

假设 E 数据资源以前期间未曾出现资产减值迹象，乙公司没有对该项无形资产计提资产减值准备，则账务处理如下。

截至 2024 年 12 月 31 日 E 数据资源的账面价值 =
286 000–57 200=228 800（元）

E 数据资源的账面价值与可回收金额的差额 =228 800–
200 000=28 800（元）

借：资产减值损失　　　　　　　　　　　28 800
　　贷：无形资产——减值准备（E 数据资源）　28 800

【例 3–24】承接【例 3–23】，若 E 数据资源前期已经
计提资产减值准备，资产减值准备的期初余额为 6 800 元，
则本期账务处理如下。

截至 2024 年 12 月 31 日 E 数据资源的账面价值 =
286 000–57 200–6 800=222 000（元）

E 数据资源的账面价值与可回收金额的差额 =222 000–
200 000=22 000（元）

借：资产减值损失　　　　　　　　　　　22 000
　　贷：无形资产——减值准备（E 数据资源）　22 000

资产减值损失确认后，减值资产折旧或者摊销的费用应当在未来期间做出相应调整，以使该资产在剩余使用寿命内，系统地分摊调整后的资产账面价值。资产减值损失一经确认，在以后会计期间不得转回。

【例 3-25】承接【例 3-23】，假定 E 数据资源的使用年限为 5 年，截至 2024 年 12 月 31 日已累计摊销 1 年，2024 年度的摊销金额为 57 200 元。期末计提减值准备后，自 2025 年 1 月起各月摊销额相较于以前会计期间做出调整。计算公式如下：

E 数据资源月摊销额 =（账面价值 – 累计摊销额 – 减值准备金）÷ 剩余月份 =（286 000–57 200–28 800）÷（4×12）=4 166.67（元）

（二）无形资产类数据资源的处置与报废

【例 3-26】承接【例 3-23】，2025 年 1 月，乙公司将 E 数据资源出售，取得收入 230 000 元，本例不考虑企业销售数据资源产品涉及的增值税。具体账务处理如下。

（1）2025 年 1 月，乙公司取得出售 E 数据资源的款项，确认收入时：

借：银行存款　　　　　　　　　　230 000

　　贷：主营业务收入　　　　　　　　230 000

（2）2025 年 1 月，乙公司结转出售 E 数据资源的成本时：

借：主营业务成本　　　　　　　　　200 000

　　累计摊销——E 数据资源　　　　　 57 200

　　无形资产——减值准备（E 数据资源）　28 800

　　贷：无形资产——E 数据资源　　　　286 000

【例 3-27】承接【例 3-23】，2025 年 12 月，乙公司账面"无形资产——E 数据资源"的期末借方余额为 286 000元，累计摊销贷方余额为 107 200 元，已计提无形资产减值准备 28 800 元。由于市场变化，该项数据资源已无使用价值，乙公司决定将其报废。具体账务处理如下。

截至 2025 年 12 月 31 日 E 数据资源的处置损失 =

286 000−107 200−28 800=150 000（元）

借：营业外支出——处置非流动资产损失　　150 000

　　累计摊销——E 数据资源　　　　　　　107 200

　　无形资产——减值准备（E 数据资源）　28 800

　　贷：无形资产——E 数据资源　　　　　　286 000

二、存货类数据资源

（一）存货类数据资源的减值测试

按照《存货准则》《存货准则应用指南》的规定，在资产负债表日，企业存货应当按照成本与可变现净值孰低计量。以前减计存货价值的影响因素已经消失的，减计的金额应当予以恢复，并在原已计提的存货跌价准备金额内转回，转回的金额计入当期损益。

【例 3–28】截至 2024 年 12 月 31 日，乙公司 G 数据资源的期末账面借方余额为 320 000 元。由于市场变化，乙公司预计 G 数据资源的账面价值会降低。截至 2024 年

12 月 31 日，G 数据资源的市场销售价格为 298 000 元，预计会产生相关销售费用 5 000 元。基于稳健性考虑，乙公司决定计提存货跌价准备。

假设 G 数据资源以前期间未曾出现资产减值迹象，乙公司没有对该项数据资源产品计提存货跌价准备，则账务处理如下。

截至 2024 年 12 月 31 日 G 数据资源的可变现净值 = 298 000–5 000=293 000（元）

G 数据资源与可变现净值的差额 =320 000–293 000

=27 000（元）

借：资产减值损失　　　　　　　　　　27 000

　　贷：存货跌价准备——G 数据资源　　　　27 000

【例 3–29】承接【例 3–28】，若 G 数据资源期初的存货跌价准备余额为 20 000 元，则本期账务处理如下。

截至 2024 年 12 月 31 日 G 数据资源的可变现净值 =

298 000–5 000=293 000（元）

G 数据资源与可变现净值的差额＝（320 000–20 000）–293 000=7 000（元）

借：资产减值损失   7 000

 贷：存货跌价准备——G 数据资源   7 000

【例 3–30】承接【例 3–28】，截至 2025 年 12 月 31 日，G 数据资源期末账面借方余额为 320 000 元。由于市场回暖，乙公司预计 G 数据资源可变现价值会上升。截至 2025 年 12 月 31 日，G 数据资源的市场销售价格为 318 000 元，预计会产生相关销售费用 5 000 元，则本期账务处理如下。

截至 2025 年 12 月 31 日 G 数据资源的可变现净值 =318 000–5 000=313 000（元）

G 数据资源的账面价值 =320 000–27 000=293 000（元）

本期可予以转回已计提的存货跌价准备 =313 000–293 000=20 000（元）

借：存货跌价准备——G 数据资源 20 000

　　贷：资产减值损失 20 000

【例 3–31】承接【例 3–28】，若截至 2025 年 12 月 31 日 G 数据资源的市场销售价格为 338 000 元，预计相关销售费用为 5 000 元，则本期账务处理如下。

截至 2025 年 12 月 31 日 G 数据资源的可变现净值 = 338 000–5 000=333 000（元）

G 数据资源的账面价值 =320 000–27 000=293 000（元）

本期可予以转回已计提的存货跌价准备 =333 000–293 000=40 000（元）

40 000 > 27 000，则会计分录为：

借：存货跌价准备——G 数据资源 27 000

　　贷：资产减值损失 27 000

（二）存货类数据资源的处置与毁损

按照《存货准则》《存货准则应用指南》的规定，企业发生的存货毁损，应当将处置收入扣除账面价值和相关税费后的金额计入当期损益。存货的账面价值是存货成本扣减累计跌价准备后的金额。

【例 3–32】承接【例 3–28】，2025 年 8 月，乙公司将 G 数据资源出售，取得收入 380 000 元，本例不考虑企业销售数据资源产品涉及的增值税。具体账务处理如下。

（1）取得 G 数据资源销售收入时：

借：银行存款 380 000

　　贷：主营业务收入 380 000

（2）结转 G 数据资源销售成本时：

借：主营业务成本 293 000

　　存货跌价准备——G 数据资源 27 000

　　贷：数据资源产品——G 数据资源 320 000

【例 3-33】承接【例 3-28】，2025 年 8 月，乙公司将不再具有价值的 G 数据资源处置，本例不考虑企业销售数据资源产品涉及的增值税。具体账务处理如下：

借：营业外支出　　　　　　　　　　　293 000

　　存货跌价准备——G 数据资源　　　 27 000

　　贷：数据资源产品——G 数据资源　　320 000

04

第四章
企业数据资源的列报与披露

　　数字化时代，数据在企业运营中的重要性日益凸显。数据不仅仅是企业决策的支撑，更被视为具有经济价值的资产。《企业数据资源相关会计处理暂行规定》的颁布，为企业将数据资源纳入会计报表提供了指引，有助于更准确地反映企业经营的实际状况。

第一节　企业数据资源的列报

关于数据资源在资产负债表中的列示位置，依据我们对企业会计准则及《企业数据资源相关会计处理暂行规定》的理解，应该分别将其列示于无形资产和存货项目。企业在编制资产负债表时，应当根据重要性原则并结合本企业的实际情况进行列报。

（1）在"无形资产"项目下增设"其中：数据资源"项目，反映资产负债表日确认为无形资产的数据资源的期末账面价值。

（2）在"开发支出"项目下增设"其中：数据资源"项目，反映资产负债表日正在进行的数据资源研究开发项目满足资本化条件的支出金额。

（3）在"存货"项目下增设"其中：数据资源"项

目，反映资产负债表日确认为存货的数据资源的期末账面价值。

一、确认为无形资产项目的数据资源列报

无形资产项目，主要反映企业无形资产原值扣除累计摊销和无形资产减值准备后的净额。这两个项目应根据"无形资产——数据资源""累计摊销"和"无形资产——减值准备"的期末总分类账余额填列。在资产负债表编制过程中，企业应本着重要性原则并结合本企业的实际情况，在"无形资产"项目下增设"其中：数据资源"项目，反映资产负债表日确认为无形资产的数据资源的期末账面价值。

【例 4–1】截至 2024 年 12 月 31 日，乙公司账面无形资产的期末借方余额为 286 000 元，累计摊销期末贷方余额为 86 000 元，无形资产减值准备期末贷方余额为 30 000 元。其中，无形资产（数据资源）期末余额 86 000 元，累计摊销（数据资源）期末贷方余额 36 000 元，无形资产减值准备（数据资源）期末贷方余额 6 000 元。综上，确认为无形资产的数据资源列报情况如下。

（1）无形资产项目期末余额的计算示范：

无形资产项目期末余额 = "无形资产" – "累计摊销" – "无形资产——减值准备" =286 000–86 000–30 000=170 000（元）

数据资源项目期末余额 = "无形资产——数据资源" – "累计摊销——数据资源" – "无形资产——减值准备（数据资源）" =86 000–36 000–6 000=44 000（元）

（2）"无形资产"项目部分在资产负债表中的编制结果如下所示：

单位：元

资产	行次	期末余额
非流动资产：		
无形资产		170 000
其中：数据资源		44 000

二、确认为开发支出项目的数据资源列报

开发支出项目，主要反映企业开发无形资产过程中能够资本化形成无形资产成本的支出部分。开发支出项目应当根据"研发支出"科目中所属的"资本化支出"明细科目的期末余额填列。在资产负债表编制过程中，企业应本着重要性原则并结合本企业的实际情况，在"开发支出"项目下增设"其中：数据资源"项目，反映资产负债表日正在进行的数据资源研究开发项目满足资本化条件的支出金额。

【例 4-2】截至 2024 年 12 月 31 日，乙公司账面研发支出的期末借方余额为 596 000 元，其中"研发支出——资本化支出（数据资源）"的期末余额为 326 000 元。综上，确认为开发支出项目的数据资源列报情况如下。

（1）开发支出项目期末余额：

开发支出项目期末余额＝"研发支出——资本化支出"＝596 000（元）

其中，数据资源项目期末余额＝"研发支出——资本化支出（数据资源）"=326 000（元）。

（2）开发支出项目部分在资产负债表中的编制结果如下所示：

单位：元

资产	行次	期末余额
非流动资产：		
开发支出		596 000
其中：数据资源		326 000

三、确认为存货项目的数据资源列报

存货项目，主要反映企业期末在库、在途和在加工中的各项存货的成本，包括各种原材料、在产品、半成品、产成品、商品、周转材料（包装物、低值易耗品等）、消耗性生物资产、数据资源产品等。

本项目应根据"材料采购""在途物资""原材料""材料成本差异""生产成本""库存商品""商品进销差价""委

托加工物资""周转材料""消耗性生物资产""存货跌价
准备"等科目的期末余额分析填列。

本项目的金额为上述涉及的全部存货项目的会计科目
总分类账余额之代数和。此处的代数和是指对借方余额取
正值，贷方余额取负值，而后求和。

企业在编制资产负债表时，应当根据重要性原则并结
合本企业的实际情况，在"存货"项目下增设"其中：数
据资源"项目，反映资产负债表日确认为存货的数据资源
的期末账面价值。

【例 4-3】截至 2024 年 12 月 31 日，乙公司全部存货
项目的会计科目总分类账余额如下（因存货项目涉及的会
计科目较多，本例不逐一展示各自的总分类账簿，而是进
行统计整理）。

单位：元

总分类账名称	余额方向	余额
材料采购	借	890 000
在途物资	借	95 600

（续表）

总分类账名称	余额方向	余额
原材料	借	185 000
材料成本差异	借	25 000
生产成本	借	213 500
库存商品	借	430 000
数据资源产品	借	260 000
商品进销差价	贷	96 000
委托加工物资	借	78 000
周转材料	借	54 600
消耗性生物资产	借	160 000
存货跌价准备	贷	70 000
其中：数据资源	贷	18 000

（1）存货项目期末余额的计算示范：

存货项目期末余额＝企业涉及的全部存货项目的会计科目总分类账余额之代数和＝890 000＋95 600＋185 000＋25 000＋213 500＋430 000＋260 000－96 000＋78 000＋54 600＋160 000－70 000＝2 225 700（元）

数据资源项目期末余额＝"数据资源产品"–"存货跌价准备（数据资源）"=260 000–18 000=242 000（元）

（2）存货项目部分在资产负债表中的编制结果如下所示：

单位：元

资产	行次	期末余额
流动资产：		
存货		2 225 700
其中：数据资源		242 000

第二节　企业数据资源的披露

　　企业应当按照企业会计准则及《暂行规定》等，在会计报表附注中对数据资源的相关会计信息进行披露，加强对数据资源应用场景或业务模式、原始数据类型来源、加工维护和安全保护情况、涉及的重大交易事项、相关权利失效和受限等相关信息的自愿披露，以全面反映数据资源对企业财务状况、经营成果等的影响。

一、确认为无形资产的数据资源相关披露

　　（1）企业应当按照外购无形资产、自行开发无形资产等类别，对确认为无形资产的数据资源（以下简称数据资源无形资产）相关会计信息进行披露，并可以在此基础上根据实际情况对类别进行拆分。具体披露格式如表4-1所示。

表 4-1 确认为无形资产的数据资源披露格式

项目	外购的数据资源无形资产	自行开发的数据资源无形资产	其他方式取得的数据资源无形资产	合计
一、账面原值				
1. 期初余额				
2. 本期增加金额				
其中：购入				
内部研发				
其他增加				
3. 本期减少金额				
其中：处置				
失效且终止确认				
其他减少				
4. 期末余额				
二、累计摊销				
1. 期初余额				

（续表）

项目	外购的数据资源无形资产	自行开发的数据资源无形资产	其他方式取得的数据资源无形资产	合计
2. 本期增加金额				
3. 本期减少金额				
其中：处置				
失效且终止确认				
其他减少				
4. 期末余额				
三、减值准备				
1. 期初余额				
2. 本期增加金额				
3. 本期减少金额				
4. 期末余额				
四、账面价值				
1. 期末账面价值				
2. 期初账面价值				

（2）对于使用寿命有限的数据资源无形资产，企业应当披露其使用寿命的估计情况及摊销方法；对于使用寿命不确定的数据资源无形资产，企业应当披露其账面价值及使用寿命不确定的判断依据。

（3）企业应当按照《企业会计准则第 28 号——会计政策、会计估计变更和差错更正》（财会〔2006〕3 号）的规定，披露对数据资源无形资产的摊销期、摊销方法或残值的变更内容、原因以及对当期和未来期间的影响数。

（4）企业应当单独披露对企业财务报表具有重要影响的单项数据资源无形资产的内容、账面价值和剩余摊销期限。

（5）企业应当披露所有权或使用权受到限制的数据资源无形资产，以及用于担保的数据资源无形资产的账面价值、当期摊销额等情况。

（6）企业应当披露计入当期损益和确认为无形资产的数据资源研究开发支出金额。

（7）企业应当按照《企业会计准则第 8 号——资产减值》（财会〔2006〕3 号）等规定，披露与数据资源无形资产减值有关的信息。

（8）企业应当按照《企业会计准则第 42 号——持有待售的非流动资产、处置组和终止经营》（财会〔2017〕13号）等规定，披露划分为持有待售类别的数据资源无形资产有关信息。

【例 4-4】乙公司 2024 年度新增数据资源无形资产 8 900 000 元，其中：外部购入数据资源无形资产 5 600 000元，自行开发数据资源无形资产 1 860 000 元，债务重组方式取得的数据资源无形资产 1 440 000 元。新增数据资源无形资产计提累计摊销 786 000 元，其中：外部购入数据资源无形资产计提累计摊销 540 000 元，自行开发数据资源无形资产计提累计摊销 143 000 元，债务重组方式取得的数据资源无形资产计提累计摊销 103 000 元。同年度，乙公司出售自行开发的数据资源无形资产，收入为 720 000 元，并结转其已计提的累计摊销额 58 000 元；计提外部购入数据资源无形资产减值准备 136 000 元。

乙公司期末确认为无形资产的数据资源相关披露内容如下。

乙公司期末确认为无形资产的数据资源相关披露内容

单位：元

项目	外购的数据资源无形资产	自行开发的数据资源无形资产	其他方式取得的数据资源无形资产	合计
一、账面原值				
1. 期初余额				
2. 本期增加金额	5 600 000	1 860 000	1 440 000	8 900 000
其中：购入	5 600 000			5 600 000
内部研发		1 860 000		1 860 000
其他增加			1 440 000	1 440 000
3. 本期减少金额		720 000		720 000
其中：处置		720 000		720 000
失效且终止确认				
其他减少				
4. 期末余额	5 600 000	1 140 000	1 440 000	8 180 000
二、累计摊销				
1. 期初余额				

（续表）

项目	外购的数据资源无形资产	自行开发的数据资源无形资产	其他方式取得的数据资源无形资产	合计
2. 本期增加金额	540 000	143 000	103 000	786 000
3. 本期减少金额		58 000		58 000
其中：处置		58 000		58 000
失效且终止确认				
其他减少				
4. 期末余额	540 000	85 000	103 000	728 000
三、减值准备				
1. 期初余额				
2. 本期增加金额	136 000			136 000
3. 本期减少金额				
4. 期末余额	136 000			136 000
四、账面价值				
1. 期末账面价值	4 924 000	1 055 000	1 337 000	7 316 000
2. 期初账面价值				

二、确认为存货的数据资源相关披露

（1）企业应当按照外购存货、自行加工存货等类别，对确认为存货的数据资源（以下简称数据资源存货）相关会计信息进行披露，并可以在此基础上根据实际情况对类别进行拆分。具体披露格式如表 4–2 所示。

（2）企业应当披露确定发出数据资源存货成本所采用的方法。

（3）企业应当披露数据资源存货可变现净值的确定依据、存货跌价准备的计提方法、当期计提的存货跌价准备的金额、当期转回的存货跌价准备的金额，以及计提和转回的有关情况。

（4）企业应当单独披露对企业财务报表具有重要影响的单项数据资源存货的内容、账面价值和可变现净值。

（5）企业应当披露所有权或使用权受到限制的数据资源存货，以及用于担保的数据资源存货的账面价值等情况。

表 4-2 确认为存货的数据资源披露格式

项目	外购的数据资源存货	自行加工的数据资源存货	其他方式取得的数据资源存货	合计
一、账面原值				
1.期初余额				
2.本期增加金额				
其中：购入				
采集加工				
其他增加				
3.本期减少金额				
其中：出售				
失效且终止确认				
其他减少				
4.期末余额				
二、存货跌价准备				
1.期初余额				

（续表）

项目	外购的数据资源存货	自行加工的数据资源存货	其他方式取得的数据资源存货	合计
2. 本期增加金额				
3. 本期减少金额				
其中：转回				
转销				
4. 期末余额				
三、账面价值				
1. 期末账面价值				
2. 期初账面价值				

【例4-5】乙公司2024年度新增数据资源存货5 760 000元，其中：外部购入数据资源存货2 780 000元，自行加工数据资源存货2 240 000元，通过债务重组方式取得的数据资源存货740 000元。新增数据资源存货计提存货跌价准备176 000元，其中：外部购入数据资源存货计提存货跌价准备54 000元，债务重组方式取得的数据资源存货计提存货跌价准备122 000元。同年度，乙公司出售自行加工的数据资源存货，取得收入1 220 000元；出售外部购入的数据资源存货，取得收入850 000元。

乙公司期末确认为存货的数据资源相关披露内容如下。

乙公司期末确认为存货的数据资源相关披露内容

项目	外购的数据资源存货	自行加工的数据资源存货	其他方式取得的数据资源存货	合计
一、账面原值				
1. 期初余额				
2. 本期增加金额	2 780 000	2 240 000	740 000	5 760 000
其中：购入	2 780 000			2 780 000
采集加工		2 240 000		2 240 000
其他增加			740 000	740 000
3. 本期减少金额	850 000	1 220 000		2 070 000
其中：出售	850 000	1 220 000		2 070 000
失效日终止确认				
其他减少				
4. 期末余额	1 930 000	1 020 000	740 000	3 690 000
二、存货跌价准备				
1. 期初余额				

（续表）

项目	外购的数据资源存货	自行加工的数据资源存货	其他方式取得的数据资源存货	合计
2. 本期增加金额	54 000		122 000	176 000
3. 本期减少金额				
其中：转回				
转销				
4. 期末余额	54 000		122 000	176 000
三、账面价值				
1. 期末账面价值	1 876 000	1 020 000	618 000	3 514 000
2. 期初账面价值				

三、其他披露要求

企业对数据资源进行评估且评估结果对企业财务报表具有重要影响的，应当披露评估依据的信息来源，评估结论成立的假设前提和限制条件，评估方法的选择，各重要参数的来源、分析、比较与测算过程等信息。企业可以根据实际情况，自愿披露数据资源（含未作为无形资产或存货确认的数据资源）下列相关信息：

（1）数据资源的应用场景或业务模式、对企业创造价值的影响方式，与数据资源应用场景相关的宏观经济和行业领域前景等；

（2）用于形成相关数据资源的原始数据的类型、规模、来源、权属、质量等信息；

（3）企业对数据资源的加工维护和安全保护情况，以及相关人才、关键技术等的持有和投入情况；

（4）数据资源的应用情况，包括数据资源相关产品或服务等的运营应用、作价出资、流通交易、服务计费方式等情况；

（5）重大交易事项中涉及的数据资源对该交易事项的影响及风险分析，重大交易事项包括但不限于企业的经营活动、投融资活动、质押融资、关联方及关联交易、承诺事项、或有事项、债务重组、资产置换等；

（6）数据资源相关权利的失效情况及失效事由、对企业的影响及风险分析等，如数据资源已确认为资产的，还包括相关资产的账面原值及累计摊销、减值准备或跌价准备、失效部分的会计处理；

（7）数据资源转让、许可或应用所涉及的地域限制、领域限制及法律法规限制等权利限制；

（8）企业认为有必要披露的其他数据资源相关信息。

05

第五章
企业数据资源的夯实与展望

虽然数据资源作为企业的一项资产已被认可，企业会计准则与相关政策也对企业数据资源资产的账务处理做出了明确规定，但目前很多企业对于数据资源的认识、积累、应用等，都还处于初级阶段。也就是说，我们还没有足够的数据资源及其利用场所和市场场景。这需要政府、企业及相关方不断扩充数据资源，挖掘数据资源的潜能。本章将从数据资源夯实和展望的层面，分析探讨数据资源在各行各业中的应用，以及相关人才特别是企业数据资源会计人才的培养，以期让我们有更多可掌握和应用的数据资源。

第一节　数据资源在工业中的应用

2008 年金融危机后，各国反思传统的发展道路和发展模式，"工业 4.0"、产业互联网等新概念应运而生。中国关于信息技术与经济社会转型早在二十多年前就进行了战略布局。党的十六大提出信息化带动工业化、工业化促进信息化，十七大提出推进信息化和工业化融合，十八大进一步提出了推动两化深度融合战略。随着信息化与工业化的深度融合，信息技术渗透到了工业企业产业链的各个环节，条形码、二维码、RFID（射频识别）、工业传感器、工业自动控制系统、工业物联网、ERP（企业资源计划）、CAD/CAM/CAE/CAI 等技术在工业企业中得到了广泛应用，尤其是移动互联网、物联网等新一代信息技术在工业领域的应用，使工业企业进入了互联网工业新的发展阶段，工业企业所拥有的数据资源也日益丰富。

在工业企业中，生产线处于高速运转状态，由工业设备所产生、采集和处理的数据量远大于计算机和人工产生的数据量，从数据类型看也多是非结构化数据，生产线的高速运转对数据的实时性要求也更高。因此，工业大数据应用所面临的问题和挑战并不比互联网行业的大数据应用少，某些情况下甚至更为复杂。

通过互联网、移动物联网等带来的低成本感知、高速移动连接、分布式计算和高级分析，信息技术和全球工业系统正在深入融合，这给全球工业带来了深刻的变革，创新了企业的研发、生产、运营、营销和管理方式。这些创新为不同行业的工业企业带来了更快的速度、更高的效率和更敏锐的洞察力。工业大数据的典型应用包括产品创新、产品故障诊断与预测、工业生产线物联网分析、工业企业供应链优化和产品精准营销等诸多方面。

一、数据资源为制造业智能化提供条件

（一）制造业智能模式转型中大数据的作用

在工业自动化时代，传统制造业模式所依托的是材料及其功能与特性，机器及其加工能力与精度，人的大脑与双手。在制造智能化时代，工业机器、设备、存储系统及运营资源可以利用现代网络通信技术相互连接，工厂与机器设备不仅可以随时随地进行信息分享，而且互相连接的系统可以独立地自我管理。

要达到上述目标，现有的工业制造系统需要对制造设备本身及产品制造过程中产生的数据进行更深入的分析，即企业必须掌握通过工业 IT 设施收集、传输和分析处理大数据的能力。随着智能传感器技术的发展，数据的收集已经变得简单、可行，而云计算等技术的发展，也使得分析与处理大数据变得更加高速与高效。在"工业 4.0"模式中，工业机器与设备之间可以实现信息交换、运转和互相操控，机器可以自组织生产，智能工厂能够自行运转。因此可以说，数据资源是制造业智能化的产品成果，也是制

造业智能化的必要条件与基础。

（二）从数据资源到工业大数据的转变

工业大数据同我们传统提到的商业中的大数据概念有相似的一面，但又存在差异。工业领域大数据主要呈现大体量、多源性、连续采样、价值密度低、动态性强等特点。大数据应用技术出现前，除结构化数据外，其他半结构化、非结构化等类型数据很难通过机器分析来挖掘其应用价值，而目前大数据应用技术、建模技术与仿真技术等信息技术，为研究工业领域机理不清、复杂系统的动态行为开辟了可能途径。例如，风力涡轮机制造商在对天气数据及涡轮仪表数据进行交叉分析的基础上，可以对风力涡轮机的布局进行改善，从而增加风力涡轮机的电力输出水平并延长其使用寿命。

工业自动化、智能化系统的建模，控制系统的运行、管理与优化，无不涉及大量的图像及数据信息；企业的综合生产指标、生产计划调度、生产线的质量控制等，也涉及大量复杂的数据；而通过信息化手段对流程进行优化整合，也必须要用到大数据技术，以此实现工业系统的优化运行。因此，大数据应用对于工业领域动态模型建设、安全运行及监控、多目标优化控制等多个方面具有促进作用。

二、工业大数据的价值所在

（一）可以优化运营效率

在传统的制造企业中，大量的数据分布于企业中的各个部门，要想在整个企业内及时、快速地提取这些数据，存在一定的困难。工业大数据技术的应用，能够帮助企业将所有的数据集中在一个平台上，以此充分整合来自研发、工程、生产部门的数据，创建产品生命周期管理平台，对工业产品的生产进行虚拟模型化，优化生产流程，确保企业内的所有部门以相同的数据协同工作，从而提升组织的运营效率，缩短产品的研发与上市时间。

（二）可以细分市场领域

传感器有采集与存储数据的功能，制造企业可以利用传感器和供应商数据库实时收集更多准确的运作与绩效数据，这不仅有利于制造企业跟踪产品库存和销售价格，而且有利于制造企业准确地预测全球不同区域的需求，从而运用数据分析做出更好的决策，优化供应链。制造企业还可以利用大数据技术对客户进行细分，优化生产流程，以定制化产品和服务来满足不同客户的不同需求，创造更好的产品。利用大数据技术，企业不仅可以满足消费者高度个性化的需求，也能够对原材料供应变动和市场需求的变化做出及时的反应与调整，实现产品由大规模趋同性生产向规模化定制生产转变。

（三）可以创新商业模式

工业大数据的应用有利于传统制造企业创新产品和服务，从而创造全新的商业模式。传统制造企业不再单单是实体设备生产企业，而是充分借助大数据、网络等新技术进行产品产销的生产服务型企业。在"工业 4.0"或工业互联网时代，制造企业通过内嵌在产品中的传感器获得数据，从发电设备到工程机械，一切都可以连接到互联网上，为机器设备的作业监控、性能维护和预防性养护等提供状态更新和性能数据。例如，实时位置数据的出现已经创造了一套全新的跟踪服务体系，可以为飞机发动机制造企业提供航空信息与服务管理。这不仅有利于制造企业自身提升生产效率和产业竞争力，更可以为其所服务的客户创造新的价值。

三、工业大数据的开发与利用

（一）工业大数据的开发与保护应同步

由于工业大数据横跨企业边界甚至跨越国界，因此安全、开放、共享等一些政策问题必须得到有效解决。随着工业大数据的价值越来越受到重视，生产设施和数据中的商业秘密及专利技术也必须受到保护。在"工业 4.0"或工业互联网时代，工业 IT 系统的安全不仅涉及生产操作环节，还关联到由此延伸的通信网络环节，因此，研究并出台相应的工业 IT 系统的安全策略、架构和标准，保护制造企业的生产系统及数据安全，提升系统的紧密性、完整性和有效性，将是一件非常重要的事情。

工业大数据日益提高的经济价值也会产生大量的法律问题，而如何克服障碍获取数据，建立交易或共享数据的市场机制；如何保护工业大数据中的知识产权等，都是需要深入研究的问题。政府部门需要制定并出台平衡数据使用与数据安全保护政策，鼓励数据共享，建立有效促进创新的知识产权框架，同时面向公众开放政府部门拥有的能够公开的大数据，从而促进工业大数据共享和整合，创造更多的价值。

（二）畅通数据资源的植入渠道

信息物理融合系统或工业互联网的实现，是建立在连续采样、大体量的工业大数据基础上的，而工业大数据的传输、交互和共享，必然要求建立容量、带宽、存储与数据处理能力更强大的基础设施，达到极高的通信智能化和管理智能化水平。现有的网络基础设施难以满足"工业

4.0"或工业互联网时代的要求，容量更大、服务质量更可靠的工业宽带基础设施将成为工业大数据发展的重要组成部分。因此，政府有必要针对扩建工业宽带基础设施制定专门的激励措施，奖励和鼓励工业宽带基础设施的投资与建设。有效的工业宽带基础设施应该简易、安全、价格合理及易扩展，不仅能够应用于智能工厂，也能够应用于智能电网、智能交通及智慧医疗等领域。

（三）创新数据资源技术

工业信息化系统产生的大数据，必须先经过整理和分析，让其变成"信息"，再深加工为"知识"，在这个通过数据资源获取价值的转化过程中，制造企业需要新的技术（如存储、计算和分析软件）和技能。目前，很多企业还处于"工业 2.0"时代，工业信息化、智能化水平较低，缺乏将数据资源技术整合到自身系统中的技术能力；而对于那些处于"工业 3.0"时代的企业来说，现有的旧系统和不兼容的标准和格式，也会妨碍数据资源分析工具的应用。因此，促进制造企业和技术人员整合、应用不断创新的工业大数据开发与分析技术，促进制造企业从工业大数据中获取最大收益是一项非常艰巨的任务。

（四）培养数据资源人才

让制造企业的管理者认识到工业大数据蕴含的价值，以及如何释放这一价值，将是一个富有挑战性的过程。制造企业不但需要拥有数据资源价值挖掘技术人员，同时需要构建适当的工作流程和激励措施来优化大数据的使用，这样才有可能利用工业大数据来优化企业管理，创造新的产品、服务和商业模式。另外，制造企业中不同部门产生的数据能够集成、交互共享，打破信息孤立现象，也需要相应的组织体系做出变革。因此，政府相关部门应该制定相应的激励措施，并对制造企业的管理者进行数据资源分析技术培训，采取措施鼓励企业加强数据资源人才培养。

第二节　数据资源嫁接互联网的行业变革

当前互联网发展已经不限于以往单一的"互联网行业"，而是正在或已经向传统行业渗透、融合。"互联网+"之所以被关注、被重视、被利用，除去互联网本身具有的跨越空间的互联、互通作用，更重要的是互联网前端融合了诸如云计算、大数据、物联网等尖端科技的驱动资源，并且在这些驱动资源的基础上，后端融合了现有的传统产业，使传统产业创新升级成为可能。互联网前端、后端共同融合的这一整套应用体系，我们称之为"互联网+"。

"互联网+"给传统产业带来了创新的思路。"互联网+零售"催生了电子商务，"互联网+制造业"带来了"工业4.0"，"互联网+金融"派生了无实体银行，"互联网+娱乐"带来了网络游戏。借助大数据的开发与应用，互联网甚至可以"+"各行各业，"互联网+"正在颠覆传统产业，它改变了我们的生活方式。

一、"互联网＋"借助大数据实现产业升级

我们通常谈到经济、科技，无非是看不同产业及不同行业的发达程度、经营模式、管理模式与盈利模式，产业分类无非是农业、工业、商业、服务业，而当下这些产业都已经或正在被互联网所融合。"互联网＋"正在借助大数据重构产业经济模式，重塑经济未来发展方向，同时，无处不在的互联网也在重新定义我们的生活方式。

（一）互联网农业初放异彩

互联网的魅力在农业领域已经初放异彩。互联网从农业种植渗透到农业经营管理及农产品销售，甚至到深加工；从土地流转渗透到资本服务；从信息共享渗透到网络学习。例如，智能化灌溉可以节约用水且适时高效，农资电商让购销简单容易且透明可控，农村互联网金融让资本开始眷顾农民，互联网农业信息化让农民不再盲目种植等。

（二）工业互联网席卷全球

"互联网＋制造业"正是当下席卷全球的"工业 4.0"。在"互联网＋"的驱动下，产品个性化、定制批量化、流程虚拟化、工厂智能化、物流智慧化等都将成为工业企业新的热点和趋势。"互联网＋行动计划"会让中国在席卷全球的第四次工业革命中，不再像前三次工业革命那样仅是追随者、受益者，而是成为第四次工业革命的实践者、领航者。

（三）互联网商业的彻底颠覆

互联网对商品流通行业的颠覆最为彻底，也最具成效。例如，互联网渗透到商业中，催生了适合大众创业的"淘宝店""微商"、适合公司化运作的电子商务平台、适合进出口贸易的跨境电子商务平台等。某电视台曾做过一个题为"互联网时代适合个体创业还是集体创业"的辩论节目，通过正反两方的辩论，让我们看到、学到了互联网时代个体创业和集体创业各自的可操作之处，以及应规避的风险。过去"开公司"需要充足的资金，现在无须投入大量资金也可以依托互联网进行创业。

（四）互联网服务无处不在

互联网对服务业的改变也无处不在，例如，互联网媒体、在线教育、网上阅读、互联网旅游、互联网医疗等平台的建立。

"互联网＋时代"是一个"互联网＋实现大众创业、万众创新的时代"，也是一个"互联网＋改变现在和未来世界的时代"。对于互联网还未触及的产业、行业、项目，我们可以发挥想象和创新思维，利用"互联网＋"的包容性、无边界的延展性来实现融合的可能，让互联网在更多领域服务我们的生活，重构我们的未来。

二、"互联网＋"借助大数据改变未来

如果说社会的发展有赖于经济的驱动与意识的影响，那么互联网的诞生将彻底从两个领域改变传统世界的游戏规则。首先，在经济领域，互联网对需求的引导、疏通与

挖掘效应已经成为全球共识，电子商务的崛起就是最有力的佐证；其次，互联网对于传统大机构的蚕食与替代愈加明显，小组织与个人的成长机会明显增多。

（一）互联网让信息的非对称性被彻底打破

在传统社会中，信息往往掌握在少数人的手中。典型的例子就是门店销售，商家通过较低的批发价进货，再以较高的零售价卖给顾客，从中赚取差价盈利。批发价对于顾客来说就是不对称信息，顾客无法获知商品批发价到底是多少。就算知道价格，也不清楚购买的渠道。电子商务网站的不断成熟让这种不对称性消失了，商品价格越来越透明，这就让传统的商务模式走向"失效"。所以，互联网让信息非对称性得以解除，让传统的商业规则被彻底打破。

（二）便利的信息交互带来了个体发言权

以微博、微信、短视频为代表的社交媒体让每个人都拥有了自己的网络"发言权"，表达变得更加容易，与之相呼应的是社交媒体形成了一个个小型的社会群体，而一个个小型的社会群体又形成了更大的组织，这些组织通过信息交互为人们搭建更加宽阔的沟通、交流平台。

（三）开放成为新的社会标准

在传统社会中，出于某种特殊原因，人们对已经掌握的资源，不管是经济资源还是社会资源，往往会采取相对封闭的态度。然而在互联网时代，开放成了新的标准。封闭虽然可以保护一部分既得利益，但从长远来看，其始终会被开放的洪流所替代。例如，腾讯通过开放不断强化自身的资源吸附能力，从而创造了微信的业界奇迹；百度通过开放帮助用户创造价值的同时，也奠定了自身在国内搜索引擎行业的霸主地位。与此形成鲜明对比的，是一些传统科技公司由于未能形成开放的机制，而不得不早早退出历史舞台。

促成互联网改变世界格局的因素还有很多，当世界由互联网充分联结的时候，大数据、云计算让整个人类社会形成了一个规模巨大、能量巨大、复杂性巨大的全球大脑，各个领域的经验、智慧及各种底层数据都通过无比强大的互联网连接起来，形成一种新的业态。

第三节　数据资源在国家层面的进一步认可

2015 年 8 月，国务院印发了《促进大数据发展行动纲要》，该纲要给数据资源发展指明了方向，明确了数据资源发展的任务与机制。

一、数据资源发展的任务

数据资源发展的任务如表 5–1 所示。

表 5–1　数据资源发展的任务

任务	具体内容
1. 开放共享、资源整合、综合治理	制定政府数据资源共享管理办法，整合政府部门公共数据资源，促进互联互通，提高共享能力，提升政府数据的一致性和准确性。2017 年年底前，明确各部门数据共享的范围边界和使用方式，跨部门数据资源共享共用格局基本形成

（续表）

任务	具体内容	
1. 开放共享、资源整合、综合治理	充分利用统一的国家电子政务网络，构建跨部门的政府数据统一共享交换平台。到 2018 年，中央政府层面实现数据统一共享交换平台的全覆盖，实现金税、金关、金财、金审、金盾、金宏、金保、金土、金农、金水、金质等信息系统通过统一平台进行数据共享和交换	
	建立政府部门和事业单位等公共机构数据资源清单，制定并实施政府数据开放共享标准，制订数据开放计划。2018 年年底前，建成国家政府数据统一开放平台。2020 年年底前，逐步实现信用、交通、医疗、卫生、就业、社保、地理、文化、教育、科技、资源、农业、环境、安监、金融、质量、统计、气象、海洋、企业登记监管等民生保障服务相关领域的政府数据集并向社会开放	
	加快政府数据开放共享，推动资源整合，提升治理能力	
2. 推动创新、培育业态、助力转型	工业大数据应用	利用大数据推动信息化和工业化深度融合，研究推动大数据在研发设计、生产制造、经营管理、市场营销、售后服务等产业链各环节的应用，研发面向不同行业、不同环节的大数据分析应用平台，选择典型企业、重点行业、重点地区开展工业企业大数据应用项目试点，积极推动制造业网络化和智能化
	服务业大数据应用	利用大数据支持品牌建立、产品定位、精准营销、认证认可、质量诚信提升和定制服务等，研发面向服务业的大数据解决方案，扩大服务范围，增强服务能力，提升服务质量，鼓励创新商业模式、服务内容和服务形式

（续表）

任务	具体内容	
2. 推动创新、培育业态、助力转型	培育数据应用新业态	积极推动不同行业大数据的聚合、大数据与其他行业的融合，大力培育互联网金融、数据服务、数据处理分析、数据影视、数据探矿、数据化学、数据材料、数据制药等新业态
	电子商务大数据应用	推动大数据在电子商务中的应用，充分利用电子商务中形成的大数据资源为政府实施市场监管和调控服务，电子商务企业应依法向政府部门报送数据
3. 强化安全、提高管理、促进发展	在涉及国家安全稳定的领域采用安全可靠的产品和服务，到2020年，实现关键部门的关键设备安全可靠	
	完善网络安全保密防护体系。明确数据采集、传输、存储、使用、开放等各环节保障网络安全的范围边界、责任主体和具体要求，建设完善金融、能源、交通、电信、统计、广电、公共安全、公共事业等重要数据资源和信息系统的安全保密防护体系	
	通过对网络安全威胁特征、方法、模式的追踪、分析，实现对网络安全威胁新技术、新方法的及时识别与有效防护	
	强化资源整合与信息共享，建立网络安全信息共享机制，推动政府、行业、企业间的网络风险信息共享，通过数据资源分析，对网络安全重大事件进行预警、研判和应对指挥	

二、数据资源发展的机制

数据资源发展的机制如表 5-2 所示。

表 5-2　数据资源发展的机制

发展机制	具体内容
1. 完善组织实施机制	建立国家数据资源发展和应用统筹协调机制，推动形成职责明晰、协同推进的工作格局
	加强数据资源重大问题研究，加快制定出台配套政策，强化国家数据资源统筹管理
	加强数据资源与物联网、智慧城市、云计算等相关政策、规划的协同
	加强中央与地方协调，引导地方各级政府结合自身条件合理定位、科学谋划，将数据资源发展纳入本地区经济社会和城镇化发展规划，制定出台促进数据资源产业发展的政策措施，突出区域特色和分工，抓好措施落实，实现科学有序发展
	设立数据资源专家咨询委员会，为数据资源发展应用及相关工程实施提供决策咨询
	各有关部门要进一步统一思想，认真落实《促进大数据发展行动纲要》提出的各项任务，共同推动形成公共信息资源共享共用和数据资源产业健康安全发展的良好格局
2. 加快法治制度建设	修订政府信息公开条例。积极研究数据开放、保护等方面的制度，实现对数据资源采集、传输、存储、利用、开放的规范管理，促进政府数据在风险可控原则下最大程度开放，明确政府统筹利用市场主体数据资源的权限及范围

（续表）

发展机制	具体内容
2. 加快法治制度建设	制定政府信息资源管理办法，建立政府部门数据资源统筹管理和共享复用制度
	研究推动网上个人信息保护立法工作，界定个人信息采集应用的范围和方式，明确相关主体的权利、责任和义务，加强对数据滥用、侵犯个人隐私等行为的管理和惩戒
	推动出台相关法律法规，加强对基础信息网络和关键行业领域重要信息系统的安全保护，保障网络数据安全
	研究推动数据资源权益相关立法工作
3. 健全市场发展机制	建立市场化的数据应用机制，在保障公平竞争的前提下，支持社会资本参与公共服务建设
	鼓励政府与企业、社会机构开展合作，通过政府采购、服务外包、社会众包等多种方式，依托专业机构开展政府数据资源应用，降低社会管理成本
	引导培育数据资源交易市场，开展面向应用的数据交易市场试点，探索开展数据资源衍生产品交易，鼓励产业链各环节市场主体进行数据交换和交易，促进数据资源流通，建立健全数据资源交易机制和定价机制，规范交易行为
4. 建立标准规范体系	推进数据资源产业标准体系建设，加快建立政府部门、事业单位等公共机构的数据标准和统计标准体系，推进数据采集、政府数据开放、指标口径、分类目录、交换接口、访问接口、数据质量、数据交易、技术产品、安全保密等关键共性标准的制定和实施
	加快建立数据资源市场交易标准体系

（续表）

发展机制	具体内容
4. 建立标准规范体系	开展标准验证和应用试点示范，建立标准符合性评估体系，充分发挥标准在培育服务市场、提升服务能力、支撑行业管理等方面的作用
	积极参与相关国际标准制定工作
5. 加大财政金融支持	强化中央财政资金引导，集中力量支持数据资源核心关键技术攻关、产业链构建、重大应用示范和公共服务平台建设等
	利用现有资金渠道，推动建设一批国际领先的重大示范工程
	完善政府采购数据资源服务的配套政策，加大对政府部门和企业合作开发数据资源的支持力度
	鼓励金融机构加强和改进金融服务，加大对数据资源企业的支持力度
	鼓励数据资源企业进入资本市场融资，努力为企业重组并购创造更加宽松的金融政策环境
	引导创业投资基金投向数据资源产业，鼓励设立一批投资于数据资源产业领域的创业投资基金
6. 加强专业人才培养	创新人才培养模式，建立健全多层次、多类型的数据资源人才培养体系
	鼓励高校设立数据科学和数据工程相关专业，重点培养专业化数据工程师等数据资源专业人才
	鼓励采取跨校联合培养等方式开展跨学科数据资源综合型人才培养，大力培养具有统计分析、计算机技术、经济管理等多学科知识的跨界复合型人才
	鼓励高等院校、职业院校和企业合作，加强职业技能人才实践培养，积极培育数据资源技术和应用创新型人才
	依托社会化教育资源，开展数据资源知识普及和教育培训，提高社会整体认知和应用水平

第四节　数据资源会计人才的培养

　　大数据会计专业本科和会计专业硕士研究生是"数据资源会计"学科两个递进的数据资源会计人才培养阶段，在目前现有的专业课程基础上，渗透更多大数据相关课程内容，重新进行学科体系规划设计，是较为简单的数据资源会计人才培养方法，也是可行性较高的大数据人才培养模式之一。

一、数据资源会计人才培养模式

　　大数据相关专业人才培养的方式很多，下面以大数据会计专业本科人才培养和大数据视角下的会计专业硕士研究生人才培养为例，具体介绍人才培养的模式。

（一）大数据会计专业本科人才培养

培养具有良好科学素养的大数据会计专业本科人才，相关院校应该在学生具备一定数学、统计学和计算机科学等方面知识的基础上，全面教授大数据处理和分析的基本理论与技术，让学生能够运用所学知识解决实际问题。即在基础的会计理论与实务基础上，附加较高的综合业务素质、创新与实践能力，让大数据会计专业本科人才能胜任大数据分析、大数据应用开发、大数据系统开发、大数据可视化以及大数据决策等工作，并为继续攻读本学科以及其他相关学科的硕士学位研究生奠定基础。

（二）基于大数据会计视角的会计专业硕士研究生人才培养

1. 培养模式概述

基于大数据会计视角，会计专业硕士研究生培养模式是针对"职业型"研究生设计的以学术为底蕴，注重专业训练，以培养应用型、复合型高级专门人才为目的的专业学位。在会计大数据背景下，我们应深入理解"专业训练"

和"应用型、复合型高级专门人才"的内涵。

在大数据会计面前，仅有功能强大的计算机处理工具是不够的，还要有更有效的分析方法，这样才能完成对数据蕴含的价值的探索，进而实现会计决策的准确化和及时性。大数据时代将促成"会计智能分析师"和"会计数据挖掘工程师"两个岗位需求的快速增长，为此，我们在培养会计硕士时要强化会计数据分析能力训练，以培养会计人才用数据说话的理念，锻炼其分析数据的思维方式。

会计专业硕士研究生的培养应该突出会计实际操作能力的训练和实际应用能力的培养，但这并不意味着可以忽视研究能力的培养，因为会计人员只有具备一定的研究能力才能更好地解决各种复杂的会计问题。这就要求我们在会计专业硕士研究生的培养过程中用发展的眼光看问题。但硕士专业学位研究生的培养毕竟不同于学术型研究生的培养，不可能有充足的时间和精力来培养研究生的研究能力，因此需要探索新的路径，以实现数据资源会计人才速成式培养。

会计专业硕士研究生应该具有较强的实际应用能力，因此应该采用课程授课、案例讨论和实践训练等多种方式对其进行教学，同时对这些方式进行优化组合，使其发挥出最大效能，实现理论与实践的最佳结合，达到最有利于会计专门人才培养的目的。

　　会计专业硕士研究生培养的关键问题之一就是课程设置，相关院校应该将大数据分析、大数据应用开发、大数据系统开发、大数据可视化以及大数据决策等理论和实践贯穿其中，让这些理论和实践课程与专业基础课程组成一个有机整体。课程体系的优劣会直接影响会计专业硕士研究生培养的质量高低，其构建需要遵循一定的原则，必须是合理、可行、有效的，并且有利于会计思想和会计能力的培养，能够反映出会计大数据时代背景。

2. 培养措施与途径

　　基于大数据会计视角的会计专业硕士研究生培养模式的实践，是通过编制和实施培养方案来完成的。培养方案是具有约束性和指导性的教学文件，其实施既是实际执行的过程，也是对其效果进行检验的过程，而要使其顺利实施，就必须采取行之有效的措施与途径。

（1）教学观念的转变：教学观念的转变是首要的。我们应该采取一定的方式将以传授理论知识、培养研究能力为主的教学观念转变为以传授理论知识、培养应用能力为主。

（2）教学方法的改进与课程内容的更新：传统的以课程讲授为主的教学方法难以满足会计专业硕士研究生的培养要求，我们需要积极探索像案例讨论教学法这样更实用的教学方法，并及时更新课程内容，优化课程内容体系。

（3）学位论文的撰写：专业硕士学位论文的撰写主要体现理论方法的应用，不太注重理论创新，因此应有不同于硕士学位论文的撰写规范和标准。重要的是，会计专业硕士应通过学位论文的撰写进一步提升运用所学知识解决实际问题的能力。

（4）校外兼职指导教师主观能动性的发挥：会计专业

硕士研究生的指导教师采取双导师制，即安排校内指导教师和校外兼职指导教师。校外兼职指导教师的积极性和主动性对于培养应用能力强的会计专业人才有较大影响，因此应探索有利于校外兼职指导教师主观能动性发挥的激励措施。

（5）实习基地和实验室建设：即针对会计专业硕士研究生建立实习基地和专用实验室，加大企业数据资源相关案例的训练，实现更多与企业数据资源相关的会计实际操作能力训练。对此，我们既要建设好实习基地和实验室，也要管理好实习基地和实验室，让其发挥应有的作用。

二、数据资源独立专业的规划

数据资源独立专业的规划，可以采用传统相近专业改造的模式，在数据、统计课程基础上增加专门的数据资源理论、分析、应用课程。针对数据资源专业人才培养，我们应创新人才培养模式，建立健全多层次、多类型的数据资源人才培养体系；鼓励高校设立数据科学和数据工程相关专业，重点培养专业化数据工程师等数据资源专业人才；鼓励采取跨校联合培养等方式开展跨学科数据资源综合型人才培养，大力培养具有统计分析、计算机技术、经济管理等多学科知识的跨界复合型人才；鼓励高等院校、职业院校和企业合作，加强职业技能人才实践培养，积极培育数据资源技术和应用创新型人才；依托社会化教育资源，开展数据资源知识普及和教育培训，提高社会整体认知和应用水平。

总之，在企业数据资源人才的培养上，我们应让数据资源走进不同的专业，通过选修、辅修、课外阅读等方式，让更多的人了解数据资源，掌握数据资源的基本知识。如此，才能使人们游刃于数据资源时代的工作与生活中。

三、数据资源在相关专业中的渗透

数据资源已经成为一个时代的热词，而且具备了引领经济热潮的特性。关于数据资源人才的培养模式，在研究过程中，我们将"培养"一词分为"泛培养"和"精培养"。

所谓"精培养"是指大数据会计专业本科和基于大数据会计视角的会计专业硕士研究生（也可以适当扩大到会计学术硕士研究生），学历递进的数据资源会计人才培养。大数据会计"精培养"其实就是在培养方向上，专门以大数据会计为主的会计人才培养。

所谓"泛培养"，是指在非会计专业人才培养中渗透更多的数据资源理论知识，通过数据资源向相关的专业渗透，让一部分专业增加数据资源相关知识，或者促进相关专业改造、升级，营造出数据资源学习与应用的氛围，从而为企业培养更多的数据资源人才。

《企业数据资源相关会计处理暂行规定》

为规范企业数据资源相关会计处理，强化相关会计信息披露，根据《中华人民共和国会计法》和企业会计准则等相关规定，现对企业数据资源的相关会计处理规定如下。

一、关于适用范围

本规定适用于企业按照企业会计准则相关规定确认为无形资产或存货等资产类别的数据资源，以及企业合法拥有或控制的、预期会给企业带来经济利益的、但由于不满足企业会计准则相关资产确认条件而未确认为资产的数据资源的相关会计处理。

二、关于数据资源会计处理适用的准则

企业应当按照企业会计准则相关规定，根据数据资源的持有目的、形成方式、业务模式，以及与数据资源有关的经济利益的预期消耗方式等，对数据资源相关交易和事项进行会计确认、计量和报告。

1．企业使用的数据资源，符合《企业会计准则第6号——无形资产》（财会〔2006〕3号，以下简称无形资产准则）规定的定义和确认条件的，应当确认为无形资产。

2．企业应当按照无形资产准则、《〈企业会计准则第6号——无形资产〉应用指南》（财会〔2006〕18号，以下简称无形资产准则应用指南）等规定，对确认为无形资产的数据资源进行初始计量、后续计量、处置和报废等相关会计处理。

其中，企业通过外购方式取得确认为无形资产的数据资源，其成本包括购买价款、相关税费，直接归属于使该

项无形资产达到预定用途所发生的数据脱敏、清洗、标注、整合、分析、可视化等加工过程所发生的有关支出，以及数据权属鉴证、质量评估、登记结算、安全管理等费用。企业通过外购方式取得数据采集、脱敏、清洗、标注、整合、分析、可视化等服务所发生的有关支出，不符合无形资产准则规定的无形资产定义和确认条件的，应当根据用途计入当期损益。

企业内部数据资源研究开发项目的支出，应当区分研究阶段支出与开发阶段支出。研究阶段的支出，应当于发生时计入当期损益。开发阶段的支出，满足无形资产准则第九条规定的有关条件的，才能确认为无形资产。

企业在对确认为无形资产的数据资源的使用寿命进行估计时，应当考虑无形资产准则应用指南规定的因素，并重点关注数据资源相关业务模式、权利限制、更新频率和时效性、有关产品或技术迭代、同类竞品等因素。

3. 企业在持有确认为无形资产的数据资源期间，利用数据资源对客户提供服务的，应当按照无形资产准则、无形资产准则应用指南等规定，将无形资产的摊销金额计入当期损益或相关资产成本；同时，企业应当按照《企业会计准则第 14 号——收入》（财会〔2017〕22 号，以下简称收入准则）等规定确认相关收入。

除上述情形外，企业利用数据资源对客户提供服务的，应当按照收入准则等规定确认相关收入，符合有关条件的应当确认合同履约成本。

4．企业日常活动中持有、最终目的用于出售的数据资源，符合《企业会计准则第 1 号——存货》（财会〔2006〕3 号，以下简称存货准则）规定的定义和确认条件的，应当确认为存货。

5．企业应当按照存货准则、《〈企业会计准则第 1 号——存货〉应用指南》（财会〔2006〕18 号）等规定，对确认为存货的数据资源进行初始计量、后续计量等相关会计处理。

其中，企业通过外购方式取得确认为存货的数据资源，其采购成本包括购买价款、相关税费、保险费，以及数据权属鉴证、质量评估、登记结算、安全管理等所发生的其他可归属于存货采购成本的费用。企业通过数据加工取得确认为存货的数据资源，其成本包括采购成本，数据采集、脱敏、清洗、标注、整合、分析、可视化等加工成本和使存货达到目前场所和状态所发生的其他支出。

6. 企业出售确认为存货的数据资源，应当按照存货准则将其成本结转为当期损益；同时，企业应当按照收入准则等规定确认相关收入。

7. 企业出售未确认为资产的数据资源，应当按照收入准则等规定确认相关收入。

三、关于列示和披露要求

（一）资产负债表相关列示。

企业在编制资产负债表时，应当根据重要性原则并结合本企业的实际情况，在"存货"项目下增设"其中：数据资源"项目，反映资产负债表日确认为存货的数据资源的期末账面价值；在"无形资产"项目下增设"其中：数据资源"项目，反映资产负债表日确认为无形资产的数据资源的期末账面价值；在"开发支出"项目下增设"其中：数据资源"项目，反映资产负债表日正在进行数据资源研究开发项目满足资本化条件的支出金额。

（二）相关披露。

企业应当按照相关企业会计准则及本规定等，在会计报表附注中对数据资源相关会计信息进行披露。

1. 确认为无形资产的数据资源相关披露。

（1）企业应当按照外购无形资产、自行开发无形资产等类别，对确认为无形资产的数据资源（以下简称数据资源无形资产）相关会计信息进行披露，并可以在此基础上根据实际情况对类别进行拆分。具体披露格式如下：

项目	外购的数据资源无形资产	自行开发的数据资源无形资产	其他方式取得的数据资源无形资产	合计
一、账面原值				
1. 期初余额				
2. 本期增加金额				
其中：购入				
内部研发				
其他增加				
3. 本期减少金额				
其中：处置				
失效且终止确认				
其他减少				
4. 期末余额				
二、累计摊销				
1. 期初余额				
2. 本期增加金额				
3. 本期减少金额				
其中：处置				
失效且终止确认				
其他减少				
4. 期末余额				
三、减值准备				
1. 期初余额				

（续表）

项目	外购的数据资源无形资产	自行开发的数据资源无形资产	其他方式取得的数据资源无形资产	合计
2. 本期增加金额				
3. 本期减少金额				
4. 期末余额				
四、账面价值				
1. 期末账面价值				
2. 期初账面价值				

（2）对于使用寿命有限的数据资源无形资产，企业应当披露其使用寿命的估计情况及摊销方法；对于使用寿命不确定的数据资源无形资产，企业应当披露其账面价值及使用寿命不确定的判断依据。

（3）企业应当按照《企业会计准则第 28 号——会计政策、会计估计变更和差错更正》（财会〔2006〕3 号）的规定，披露对数据资源无形资产的摊销期、摊销方法或残值的变更内容、原因以及对当期和未来期间的影响数。

（4）企业应当单独披露对企业财务报表具有重要影响的单项数据资源无形资产的内容、账面价值和剩余摊销期限。

（5）企业应当披露所有权或使用权受到限制的数据资源无形资产，以及用于担保的数据资源无形资产的账面价值、当期摊销额等情况。

（6）企业应当披露计入当期损益和确认为无形资产的数据资源研究开发支出金额。

（7）企业应当按照《企业会计准则第8号——资产减值》（财会〔2006〕3号）等规定，披露与数据资源无形资产减值有关的信息。

（8）企业应当按照《企业会计准则第42号——持有待售的非流动资产、处置组和终止经营》（财会〔2017〕13号）等规定，披露划分为持有待售类别的数据资源无形资产有关信息。

2．确认为存货的数据资源相关披露。

（1）企业应当按照外购存货、自行加工存货等类别，对确认为存货的数据资源（以下简称数据资源存货）相关会计信息进行披露，并可以在此基础上根据实际情况对类别进行拆分。具体披露格式如下：

项目	外购的数据资源存货	自行加工的数据资源存货	其他方式取得的数据资源存货	合计
一、账面原值				
1. 期初余额				
2. 本期增加金额				
其中：购入				
采集加工				
其他增加				
3. 本期减少金额				
其中：出售				
失效且终止确认				
其他减少				
4. 期末余额				
二、存货跌价准备				
1. 期初余额				
2. 本期增加金额				

（续表）

项目	外购的数据资源存货	自行加工的数据资源存货	其他方式取得的数据资源存货	合计
3. 本期减少金额				
其中：转回				
转销				
4. 期末余额				
三、账面价值				
1. 期末账面价值				
2. 期初账面价值				

（2）企业应当披露确定发出数据资源存货成本所采用的方法。

（3）企业应当披露数据资源存货可变现净值的确定依据、存货跌价准备的计提方法、当期计提的存货跌价准备的金额、当期转回的存货跌价准备的金额，以及计提和转回的有关情况。

（4）企业应当单独披露对企业财务报表具有重要影响的单项数据资源存货的内容、账面价值和可变现净值。

（5）企业应当披露所有权或使用权受到限制的数据资源存货，以及用于担保的数据资源存货的账面价值等情况。

3．其他披露要求。

企业对数据资源进行评估且评估结果对企业财务报表具有重要影响的，应当披露评估依据的信息来源，评估结论成立的假设前提和限制条件，评估方法的选择，各重要参数的来源、分析、比较与测算过程等信息。

企业可以根据实际情况，自愿披露数据资源（含未作为无形资产或存货确认的数据资源）下列相关信息。

（1）数据资源的应用场景或业务模式、对企业创造价值的影响方式，与数据资源应用场景相关的宏观经济和行业领域前景等。

（2）用于形成相关数据资源的原始数据的类型、规模、来源、权属、质量等信息。

（3）企业对数据资源的加工维护和安全保护情况，以及相关人才、关键技术等的持有和投入情况。

（4）数据资源的应用情况，包括数据资源相关产品或服务等的运营应用、作价出资、流通交易、服务计费方式等情况。

（5）重大交易事项中涉及的数据资源对该交易事项的影响及风险分析，重大交易事项包括但不限于企业的经营活动、投融资活动、质押融资、关联方及关联交易、承诺事项、或有事项、债务重组、资产置换等。

（6）数据资源相关权利的失效情况及失效事由、对企业的影响及风险分析等，如数据资源已确认为资产的，还包括相关资产的账面原值及累计摊销、减值准备或跌价准备、失效部分的会计处理。

（7）数据资源转让、许可或应用所涉及的地域限制、领域限制及法律法规限制等权利限制。

四、附则

本规定自 2024 年 1 月 1 日起施行。企业应当采用未来适用法执行本规定，本规定施行前已经费用化计入损益的数据资源相关支出不再调整。

《数据资产评估指导意见》

第一章 总则

第一条 为规范数据资产评估行为，保护资产评估当事人合法权益和公共利益，根据《资产评估基本准则》及其他相关资产评估准则，制定本指导意见。

第二条 本指导意见所称数据资产，是指特定主体合法拥有或者控制的，能进行货币计量的，且能带来直接或者间接经济利益的数据资源。

第三条 本指导意见所称数据资产评估，是指资产评估机构及其资产评估专业人员遵守法律、行政法规和资产评估准则，根据委托对评估基准日特定目的下的数据资产价值进行评定和估算，并出具资产评估报告的专业服务行为。

第四条　执行数据资产评估业务，应当遵守本指导意见。

第二章　基本遵循

第五条　执行数据资产评估业务，应当遵守法律、行政法规和资产评估准则，坚持独立、客观、公正的原则，诚实守信，勤勉尽责，谨慎从业，遵守职业道德规范，自觉维护职业形象，不得从事损害职业形象的活动。

第六条　执行数据资产评估业务，应当独立进行分析和估算并形成专业意见，拒绝委托人或者其他相关当事人的干预，不得直接以预先设定的价值作为评估结论。

第七条　执行数据资产评估业务，应当具备数据资产评估的专业知识和实践经验，能够胜任所执行的数据资产评估业务。缺乏特定的数据资产评估专业知识、技术手段和经验时，应当采取弥补措施，包括利用数据领域专家工作成果及相关专业报告等。

第八条 执行数据资产评估业务，应当关注数据资产的安全性和合法性，并遵守保密原则。

第九条 执行企业价值评估中的数据资产评估业务，应当了解数据资产作为企业资产组成部分的价值可能有别于作为单项资产的价值，其价值取决于它对企业价值的贡献程度。

数据资产与其他资产共同发挥作用时，需要采用适当方法区分数据资产和其他资产的贡献，合理评估数据资产价值。

第十条 执行数据资产评估业务，应当根据评估业务具体情况和数据资产的特性，对评估对象进行针对性的现场调查，收集数据资产基本信息、权利信息、相关财务会计信息和其他资料，并进行核查验证、分析整理和记录。

核查数据资产基本信息可以利用数据领域专家工作成

果及相关专业报告等。资产评估专业人员自行履行数据资产基本信息相关的现场核查程序时，应当确保具备相应专业知识、技术手段和经验。

第十一条　执行数据资产评估业务，应当合理使用评估假设和限制条件。

第三章　评估对象

第十二条　执行数据资产评估业务，可以通过委托人、相关当事人等提供或者自主收集等方式，了解和关注被评估数据资产的基本情况，例如：数据资产的信息属性、法律属性、价值属性等。

信息属性主要包括数据名称、数据结构、数据字典、数据规模、数据周期、产生频率及存储方式等。

法律属性主要包括授权主体信息、产权持有人信息，以及权利路径、权利类型、权利范围、权利期限、权利限制等权利信息。

价值属性主要包括数据覆盖地域、数据所属行业、数据成本信息、数据应用场景、数据质量、数据稀缺性及可替代性等。

第十三条　执行数据资产评估业务，应当知晓数据资产具有非实体性、依托性、可共享性、可加工性、价值易变性等特征，关注数据资产特征对评估对象的影响。

非实体性是指数据资产无实物形态，虽然需要依托实物载体，但决定数据资产价值的是数据本身。数据资产的非实体性也衍生出数据资产的无消耗性，即其不会因为使用而磨损、消耗。

依托性是指数据资产必须存储在一定的介质里，介质的种类包括磁盘、光盘等。同一数据资产可以同时存储于多种介质。

可共享性是指在权限可控的前提下，数据资产可以被复制，能够被多个主体共享和应用。

可加工性是指数据资产可以通过更新、分析、挖掘等处理方式，改变其状态及形态。

价值易变性是指数据资产的价值易发生变化，其价值随应用场景、用户数量、使用频率等的变化而变化。

第十四条　执行数据资产评估业务，应当根据数据来源和数据生成特征，关注数据资源持有权、数据加工使用权、数据产品经营权等数据产权，并根据评估目的、权利证明材料等，确定评估对象的权利类型。

第四章　操作要求

第十五条　执行数据资产评估业务，应当明确资产评估业务基本事项，履行适当的资产评估程序。

第十六条　执行数据资产评估业务，需要关注影响数据资产价值的成本因素、场景因素、市场因素和质量因素。

成本因素包括形成数据资产所涉及的前期费用、直接成本、间接成本、机会成本和相关税费等。

场景因素包括数据资产相应的使用范围、应用场景、商业模式、市场前景、财务预测和应用风险等。

市场因素包括数据资产相关的主要交易市场、市场活跃程度、市场参与者和市场供求关系等。

质量因素包括数据的准确性、一致性、完整性、规范性、时效性和可访问性等。

第十七条 资产评估专业人员应当关注数据资产质量，并采取恰当方式执行数据质量评价程序或者获得数据质量的评价结果，必要时可以利用第三方专业机构出具的数据质量评价专业报告或者其他形式的数据质量评价专业意见等。

数据质量评价采用的方法包括但不限于：层次分析法、模糊综合评价法和德尔菲法等。

第十八条 同一数据资产在不同的应用场景下，通常会发挥不同的价值。资产评估专业人员应当通过委托人、相关当事人等提供或者自主收集等方式，了解相应评估目的下评估对象的具体应用场景，选择和使用恰当的价值类型。

第五章　评估方法

第十九条　确定数据资产价值的评估方法包括收益法、成本法和市场法三种基本方法及其衍生方法。

第二十条　执行数据资产评估业务，资产评估专业人员应当根据评估目的、评估对象、价值类型、资料收集等情况，分析上述三种基本方法的适用性，选择评估方法。

第二十一条　采用收益法评估数据资产时应当：

（一）根据数据资产的历史应用情况及未来应用前景，结合应用或者拟应用数据资产的企业经营状况，重点分析数据资产经济收益的可预测性，考虑收益法的适用性；

（二）保持预期收益口径与数据权利类型口径一致；

（三）在估算数据资产带来的预期收益时，根据适用性可以选择采用直接收益预测、分成收益预测、超额收益预测和增量收益预测等方式；

（四）区分数据资产和其他资产所获得的收益，分析与之有关的预期变动、收益期限，与收益有关的成本费用、配套资产、现金流量、风险因素；

（五）根据数据资产应用过程中的管理风险、流通风险、数据安全风险、监管风险等因素估算折现率；

（六）保持折现率口径与预期收益口径一致；

（七）综合考虑数据资产的法律有效期限、相关合同有效期限、数据资产的更新时间、数据资产的时效性、数据资产的权利状况以及相关产品生命周期等因素，合理确定经济寿命或者收益期限，并关注数据资产在收益期限内的贡献情况。

第二十二条　采用成本法评估数据资产时应当：

（一）根据形成数据资产所需的全部投入，分析数据资产价值与成本的相关程度，考虑成本法的适用性；

（二）确定数据资产的重置成本，包括前期费用、直接成本、间接成本、机会成本和相关税费等；

（三）确定数据资产价值调整系数，例如：对于需要进行质量因素调整的数据资产，可以结合相应质量因素综合确定调整系数；对于可以直接确定剩余经济寿命的数据资产，也可以结合剩余经济寿命确定调整系数。

第二十三条　采用市场法评估数据资产时应当：

（一）考虑该数据资产或者类似数据资产是否存在合法合规的、活跃的公开交易市场，是否存在适当数量的可比案例，考虑市场法的适用性；

（二）根据该数据资产的特点，选择合适的可比案例，例如：选择数据权利类型、数据交易市场及交易方式、数据规模、应用领域、应用区域及剩余年限等相同或者近似的数据资产；

（三）对比该数据资产与可比案例的差异，确定调整系数，并将调整后的结果汇总分析得出被评估数据资产的价值。通常情况下需要考虑质量差异调整、供求差异调整、期日差异调整、容量差异调整以及其他差异调整等。

第二十四条 对同一数据资产采用多种评估方法时，应当对所获得的各种测算结果进行分析，说明两种以上评估方法结果的差异及其原因和最终确定评估结论的理由。

第六章 披露要求

第二十五条 无论是单独出具数据资产的资产评估报告，还是将数据资产评估作为资产评估报告的组成部分，都应当在资产评估报告中披露必要信息，使资产评估报告使用人能够正确理解评估结论。

第二十六条 单独出具数据资产的资产评估报告，应当说明下列内容：

（一）数据资产基本信息和权利信息；

（二）数据质量评价情况，评价情况应当包括但不限于评价目标、评价方法、评价结果及问题分析等内容；

（三）数据资产的应用场景以及数据资产应用所涉及的地域限制、领域限制及法律法规限制等；

（四）与数据资产应用场景相关的宏观经济和行业的前景；

（五）评估依据的信息来源；

（六）利用专家工作或者引用专业报告内容；

（七）其他必要信息。

第二十七条　单独出具数据资产的资产评估报告，应当说明有关评估方法的下列内容：

（一）评估方法的选择及其理由；

（二）各重要参数的来源、分析、比较与测算过程；

（三）对测算结果进行分析，形成评估结论的过程；

（四）评估结论成立的假设前提和限制条件。

第七章　附则

第二十八条　本指导意见自 2023 年 10 月 1 日起施行。